EM LOUVOR D~~

JUNICHIRO TANIZAKI, um dos principais autores japoneses da modernidade, nasceu em 1886, em Tóquio, e morreu em 1965, em Kanagawa. Entre seus principais títulos publicados estão os romances *A chave*, *Voragem*, *As irmãs Makioka* e *Há quem prefira urtigas*. Sua obra, em larga medida influenciada por Edgar Allan Poe, Charles Baudelaire e Oscar Wilde, trata de amor, de sexualidade e da transformação do cotidiano japonês na virada do século. Ao abordar a chegada da energia elétrica como uma novidade ocidental capaz de pôr em xeque aspectos estruturais da tradição japonesa, o ensaio *Em louvor da sombra*, de 1933, joga luz sobre o choque entre as duas culturas. Em 1949, Tanizaki foi homenageado com o prêmio Imperial do Japão de literatura.

LEIKO GOTODA nasceu em São Paulo, em 1941. É tradutora de japonês e de inglês, com magistério na Escola Normal Alexandre Gusmão e certificado pela Associação Alumni. Verteu para o português obras fundamentais da literatura japonesa, como *O livro do chá*, de Kakuzo Okakura, *14 contos*, de Kenzaburo Oe, e *Mar inquieto*, de Yukio Mishima. Além deste *Em louvor da sombra*, de Junichiro Tanizaki, traduziu do mesmo autor *Diário de um velho louco*, *Voragem*, *As irmãs Makioka* (v. 1) e *Há quem prefira urtigas*. Ao pai e à mãe — que, por sinal, era a irmã mais nova de Tanizaki — Leiko credita todo seu conhecimento da língua japonesa.

PEDRO ERBER é professor associado do departamento de Romance Studies na Universidade Cornell, nos Estados Unidos. É bacharel em filosofia pela Universidade Federal do Rio de Janeiro, mestre em filosofia pela PUC-Rio e doutor em literatura japonesa pela Universidade Cornell. Foi curador da exposição A Emergência do Contemporâneo: Vanguarda no Japão, 1950-1970, no Paço Imperial (Rio de Janeiro, 2016). É autor de *Breaching the Frame: The Rise of Contemporary Art in Brazil and Japan* (University of California Press, 2015), *Política e verdade no pensamento de Martin Heidegger* (Loyola; PUC-Rio, 2003) e artigos sobre arte, estética, filosofia, política e literatura.

JUNICHIRO TANIZAKI

Em louvor da sombra

Tradução do japonês e notas de
LEIKO GOTODA

Prefácio de
PEDRO ERBER

6ª reimpressão

COMPANHIA DAS LETRAS

Copyright © 2017 by Companhia das Letras

Grafia atualizada segundo o Acordo Ortográfico da Língua Portuguesa de 1990, que entrou em vigor no Brasil em 2009.

Penguin and the associated logo and trade dress are registered and/or unregistered trademarks of Penguin Books Limited and/or Penguin Group (USA) Inc. Used with permission.

Published by Companhia das Letras in association with Penguin Group (USA) Inc.

TÍTULO ORIGINAL
In'ei raisan

REVISÃO
Huendel Viana
Luciane Gomide

Dados Internacionais de Catalogação na Publicação (CIP)
(Câmara Brasileira do Livro, SP, Brasil)

Tanizaki, Junichiro, 1886-1965.
  Em louvor da sombra / Junichiro Tanizaki ; tradução do japonês e notas de Leiko Gotoda; prefácio de Pedro Erber. — 1ª ed. — São Paulo: Penguin Classics Companhia das Letras, 2017.
  Título original: In'ei raisan
  ISBN 978-85-8285-059-6
  1. Ensaios japoneses 2. Estética japonesa I. Gotoda, Leiko. II. Erber, Pedro. III. Título.

17-06597   CDD-895.64

Índice para catálogo sistemático:
  1. Ensaios: Literatura japonesa 895.64

Todos os direitos desta edição reservados à
EDITORA SCHWARCZ S.A.
Rua Bandeira Paulista, 702, cj. 32
04532-002 — São Paulo — SP
Telefone: (11) 3707-3500
www.penguincompanhia.com.br
www.companhiadasletras.com.br
www.blogdacompanhia.com.br

Sumário

Prefácio — Pedro Erber 7

EM LOUVOR DA SOMBRA 15

Nota da tradutora 65

Prefácio

PEDRO ERBER

Publicado pela primeira vez em 1933, *Em louvor da sombra* [*In'ei raisan*] é, entre os escritos do romancista e ensaísta japonês Junichiro Tanizaki, provavelmente o mais conhecido e celebrado internacionalmente. Com cuidado e domínio preciso da fantasia literária, a despeito do tom coloquial, Tanizaki apresenta ao leitor um retrato vívido do Japão moderno em sua tensão entre a invasão irresistível da tecnologia ocidental que tudo aclara e o anseio de preservação da tradição local no que ela tem de mais recôndito.

Como sugere o título, tal tensão é descrita do ponto de vista de um parti pris explícito do autor em favor da sombra, da escuridão e da nuance características da cultura oriental — que é apresentada aqui no que possui de resistência à luz acachapante da modernidade. Da arquitetura ao vestuário, da culinária ao cinema, o texto delineia uma dicotomia que opõe um Ocidente moderno, onde tudo tem de vir à luz, a um Oriente arraigado ao passado, que ainda sabe apreciar a sombra e se adapta mal à mudança dos tempos.

Entre o Ocidente e o Oriente, tão distintos como a luz e a sombra, cabe ao Japão dos anos 1930 — foco do ensaio — uma posição ambígua e precária. Se, por um lado, o livro se inicia pelo aspecto moderno da vida urbana no Japão — um país onde já não é possível habitar uma casa de estilo tradicional sem a interferência da tecnologia moderna, onde a luz elétrica está mais presente que em muitas cidades ocidentais —, por outro, o que aflora ao longo do texto é sobretudo o que resta de sombra e de resistência à luz em cada detalhe do cotidiano japonês. E é pela descrição minuciosa e sedutora dos aspectos mais banais do dia a dia — como a escuridão profunda do doce de feijão *youkan* e o ocre-avermelhado do caldo de missô à luz de velas, o contraste entre o branco e o preto na maquiagem da gueixa e até mesmo o aspecto rústico de um banheiro em estilo tradicional japonês — que Tanizaki cativa o leitor e conquista assim sua cumplicidade.

Cabe aí, porém, o cuidado em não se deixar levar cedo demais por um autor que conhece bem os caminhos da sedução narrativa e cujo tom casual esconde bem o cálculo da técnica literária. Um escritor a quem, como lembra Bernardo Carvalho em *O sol se põe em São Paulo*, "só as mentiras interessam".[1] Aos leitores da obra anterior de Tanizaki — cujo primeiro grande sucesso de público e crítica, *Amor insensato* [*Chijin no ai*],[2] serializado entre 1924 e 1925, tornou-se romance símbolo da ocidentalização e da emancipação da mulher na sociedade japonesa do entreguerras[3] — surpreende o elogio rasgado aos valores tradicionais, a identificação imediata da cultura japonesa com a tradição oriental e o tom refratário à modernidade.

A perplexidade é ainda maior entre os conhecedores dos escritos de Tanizaki sobre cinema, em que o autor chega ao ponto de afirmar que "os filmes ocidentais, não importa o quão breves ou triviais, são deslumbrantes em comparação com o teatro japonês de hoje".[4] De modo que, muito além do nome dos protagonistas Joji e Naomi em *Amor insensato*, cuja sonoridade ocidental é parte central da trama, transparece na ficção de Tanizaki até meados dos anos 1920 todo um mundo de seduções da vida moderna nos cafés, bailes e cinemas. Como então conciliar a imagem do autor vanguardista, amante do cinema e adepto da ocidentalização, à figura saudosista, ao tom conservador e à valorização incondicional da tradição japonesa de *Em louvor da sombra*?

Eis aí uma questão que ainda hoje anima o debate entre os estudiosos da obra de Tanizaki dentro e fora do Japão. A mudança de perspectiva parece tão brusca que deu origem à ideia de uma "grande virada" (*great change*)[5] na posição intelectual, estética e política do autor, segundo a qual é possível dividir sua obra em duas fases. A primeira seria a fase modernista, de fascínio por tudo que havia de novo e ocidental, de liberdade e libertinagem no Japão da era Taisho (1912-26). Já a segunda seria um período de retorno aos valores tradicionais, tema que ocupou seus escritos a partir de meados dos anos 1920. Como divisor de águas, aponta-se o grande terremoto que abalou a capital e toda a região de Kanto em 1923, levando Tanizaki a abandonar o ambiente internacional da cidade portuária de Yokohama, nas imediações de Tóquio, em direção ao Kansai, região oeste do Japão. Lá, a presença ocidental era menos marcada — ainda que, em sua obra, a virada viesse a se expressar claramente apenas em 1928, com a publicação do romance *Há quem prefira urtigas* [*Tade kuu mushi*].

Vale lembrar, contudo, que a ideia de um "retorno ao Japão" [*Nihon kaiki*], no sentido de uma guinada tradicionalista em meados dos anos 1920, aplica-se não somente à obra de Tanizaki. Trata-se de uma expressão difundida pela crítica, de maneira mais geral, para descrever o ambiente cultural dos primeiros anos do período do Showa (1926-89), em que a valorização da tradição ganhou força no âmbito cultural junto à ascensão do nacionalismo militarista do Império japonês, eclipsando rapidamente o ambiente de relativa democratização e abertura cultural da era Taisho. A suposta "grande virada" da obra de Tanizaki em direção ao Japão tradicional refletiria então não apenas um episódio na biografia do autor, mas também — e sobretudo — uma transformação no ambiente cultural do país.

Tal inegável correspondência entre a onda conservadora no discurso político e cultural japonês dos anos 1920 e o retorno à tradição na escrita de Tanizaki, se tomados à letra, correm o risco de reduzir o posicionamento estético e político do autor a mero reflexo acrítico de seu tempo. É certo que, após a Segunda Guerra Mundial, entre os pesquisadores de Tanizaki não faltaram os que se empenhassem em dissociar a obra e a imagem do escritor, se não do nacionalismo, ao menos do militarismo imperialista dos anos 1930. Em linhas gerais, o argumento consistia em afirmar que, embora tivesse aderido ao tradicionalismo nacionalista da era Showa, Tanizaki teria no entanto rejeitado seu aspecto chauvinista, subvertendo-o em um culturalismo pacífico que, no mais, associava o Japão a suas origens orientais em contraste com a tendência modernizadora do fascismo. Construía-se assim o lugar de Tanizaki no cânone da literatura mundial do século XX como símbolo cultural de um Japão amante dos clássicos e da cultura tradicional, e portanto figura exemplar de um nacionalismo cultural que se encaixava perfeitamente na nova ordem internacional. Isso tudo acontecia ao mesmo tempo que se relegava ao esquecimento a imagem do Tanizaki vanguardista e experimental do Japão do pré-guerra.

A explicação pareceria perfeita, não fosse um obstáculo sutil e elusivo em que a narrativa da adesão de Tanizaki ao nacionalismo cultural tropeça e incomoda sua posição confortável no panorama da literatura mundial e na ordem cultural do pós-guerra. Refiro-me justamente à sombra e ao que ela simultaneamente oculta e revela — tanto da continuidade interna na obra de Tanizaki, quanto da ironia em sua atitude em relação à cultura japonesa.

O incômodo é tal que mesmo aqueles que sustentam a narrativa dominante de um Tanizaki arauto da tradição japonesa não escondem a dificuldade com certos aspectos aparentemente incongruentes do texto de 1933. No posfácio à edição norte-americana de *Em louvor da sombra*, o tradutor Thomas J. Harper recorda o episódio de uma conversa entre o escritor e um arquiteto, a quem encomendara o projeto de sua nova moradia. Confiante, o arquiteto afirmava ter lido com interesse *Em louvor da sombra* e saber exatamente o que o seu cliente queria. Ao que Tanizaki teria respondido: "Absolutamente não! Eu jamais poderia *viver* em uma casa assim".[6] Se, por um lado, Harper atribui o descompasso entre vida e obra ao humor de Tanizaki, por outro, lamenta a aparente falta de cuidado do autor com o próprio texto. Afinal, ele mistura joias, como a descrição do brilho negro da laca à luz de velas, a considerações de gosto duvidoso sobre o banheiro das casas tradicionais japonesas e um comentário de cunho racista sobre a visita de Albert Einstein ao Japão. Ao confessar sua tentação de editar o ensaio de modo a lhe restaurar a pureza sublime, o tradutor reconhece, contudo, que seria impossível separar aqui o joio do trigo sem desvirtuar o estilo peculiar de Tanizaki — estilo este que, segundo Harper, distingue justamente sua escrita "oriental" de um ensaio em moldes ocidentais.

Será, no entanto, que a estranha combinação de temas não se devia nem à diferença essencial entre a ensaística japonesa e ocidental, nem à displicência na edição do texto, e sim à manobra intencional de Tanizaki de misturar os elementos mais requintados aos aspectos banais e depreciados da cultura japonesa? E se justamente a paródia ao discurso nacionalista em voga na época e à nostalgia irrestrita de tudo que remetia à tradição constituísse a verdadeira genialidade e sutileza de *Em louvor da sombra*?

É precisamente o que afirma o crítico Yoichi Komori, segundo o qual Tanizaki, mais do que ninguém, soube parodiar e fazer piada com o tradicionalismo japonês.[7] É também o que argumenta o filósofo Naoki Sakai. Ele nota que, embora *Em louvor da sombra* tenha sido compreendido como aprovação sincera da nostalgia culturalista, uma leitura mais cuidadosa revela que se trata antes de uma paródia ao culto à tradição: "Ao associar o aspecto pio e moral da tradição com as partes mais escuras e fétidas de uma casa japonesa", comenta Sakai, "Tanizaki produz um sentido hilário de incongruência e debocha do exotismo das coisas velhas e das inconveniências".[8] Não é meu objetivo aqui embarcar em especulações minuciosas sobre as verdadeiras intenções do autor. É inegável, contudo, que a hipótese da paródia — além de mais respeitosa à inteligência e sofisticação de Tanizaki —, uma vez levantada, abala de modo irreversível toda convicção da seriedade do ensaio.

Vale lembrar ainda que a sombra, que aparece em 1933 como traço característico da cultura do Oriente, ocupava havia muito tempo a reflexão de Tanizaki em um contexto até mesmo antagônico ao elogio da pureza da tradição oriental, quando, já na década de 1910, ele passou a escrever sobre cinema. Não seria exagero afirmar, como argumenta Thomas Lamarre, que "a atenção posterior de Tanizaki às sombras e à escuridão da estética 'oriental' tradicional nasce de seu interesse pelas sombras trêmulas sobre a tela prateada".[9] Tanizaki foi, de fato, no Japão da era Taisho, um dos primeiros intelectuais a dedicar-se a uma reflexão teórica sobre o cinema e a tomar a sério seu potencial como modalidade artística. Seu compromisso com o tema foi de tal ordem que, ainda em 1920, contratado como consultor literário pelo recém-inaugurado estúdio Taikatsu, chegou a anunciar publicamente que suspenderia suas atividades de romancista para dedicar-se em tempo integral à escrita cinematográfica. E se a empreitada foi interrompida prematuramente pela falência do estúdio em 1922,[10] o interesse de Tanizaki pelo assunto não esmoreceu, mostrando-se mais vivo do que nunca não só no enredo de seus romances, como justamente em sua atenção à função estética da iluminação e da sombra.

Portanto, ainda que o texto de 1933 seja atribuído à tradição oriental, a sombra emerge na reflexão de Tanizaki sobretudo a partir da tecnologia moderna importada do Ocidente. Vê-se, assim, a complexa imbricação entre a técnica moderna importada do Ocidente e a possibilidade de iluminar determinados elementos culturais como pertencentes a uma tradição supostamente japonesa, autóctone e oriental. É justamente dessa imbricação — muito mais sombria em seus meandros do que o contraste claro e simples entre a luz ocidental que tudo aclara e a escuridão de um Oriente eterno e imutável — que o ensaio de Tanizaki extrai sua força. E é nessa ambiguidade indefinível entre o louvor e a ironia, entre a reverência e a paródia, que o ensaio revela seu tributo mais sincero ao que há de sombrio e de obscuro na relação com a escrita.

Notas

1. Bernardo Carvalho, *O sol se põe em São Paulo*. São Paulo: Companhia das Letras, 2007, p. 84.
2. Junichiro Tanizaki, *Amor insensato*. Trad. de Jefferson José Teixeira. São Paulo: Companhia das Letras, 2004.
3. Cf. Miriam Silverberg, *Erotic Grotesque Nonsense: The Mass Culture of Japanese Modern Times*. Berkeley: University of California Press, 2009, pp. 51-73.
4. Junichiro Tanizaki in Thomas Lamarre, *Shadows on the Screen: Tanizaki Jun'ichiro on Cinema and 'Oriental' Aesthetics*. Ann Arbor: University of Michigan, Center for Japanese Studies, 2005, p. 68.
5. O termo foi cunhado por Edward Seidensticker, renomado pesquisador e tradutor da obra de Tanizaki. Cf. Edward Seidensticker, "Tanizaki Jun-ichiro, 1886-1965". *Monumenta Nipponica*, v. 21, n. 3/4, 1966, p. 251.
6. Thomas J. Harper, "Afterword". In: Junichiro Tani-

zaki, *In Praise of Shadows*. Trad. de Thomas J. Harper e Edward Seidensticker. Sedgwick: Leete's Island Books, 1977, p. 48.

7. Cf. Yoichi Komori e Shigeko Hasumi, "*Tanizaki raisan — tōsō suru diskuur*". In: *Tanizaki Jun'ichirō — mondai toshite no tekisuto. Kokubungaku*. Dez. 1993, pp. 6-29.

8. Naoki Sakai, "Resistance to Conclusion: The Kyoto School Philosophy under the Pax Americana". In: Christopher Goto-Jones (Org.), *Repoliticizing the Kyoto School as Philosophy*. Londres: Routledge, 2008, p. 184.

9. Thomas Lamarre, op. cit., p. 8.

10. Cf. ibid., p. 4.

Em louvor da sombra

Hoje em dia, qualquer indivíduo interessado em construir sua própria casa no mais puro estilo arquitetônico japonês precisa recorrer a uma série de estratagemas engenhosos para harmonizar certas instalações como rede elétrica, de água e de luz com a sobriedade dos aposentos japoneses, estratagemas que, assim acredito, mesmo aqueles que nunca passaram pela experiência de construir uma casa são capazes de perceber ao entrar em estabelecimentos tradicionais como casas de chá, restaurantes ou hospedarias. Pois por mais que queiram seguir fielmente os costumes japoneses, tais amantes da arquitetura japonesa — aqui desconsiderados o excêntrico ermitão ou o austero apreciador da arte do chá que, ignorando conquistas científicas, preferem erigir singela cabana colmada em localidades remotas — jamais conseguirão evitar a instalação, em seus lares, de certas comodidades como aquecimento central, luz elétrica e aparelhos sanitários, essenciais no cotidiano de suas famílias. Nesta altura, o purista dará tratos à imaginação para, por exemplo, tornar menos conspícua a presença de um simples aparelho telefônico, relegando-o para o fundo de uma caixa de escada ou o canto escuro de um corredor. E se além disso resolver adotar também outras medidas, como enterrar a fiação do jardim, ocultar o comutador de luz no interior de armários ou de compartimentos ao rés do chão, ou ainda providenciar para que fios elétricos aparentes se esgueirem por trás de biombos, correrá o risco de ver tanta criatividade transformar-se em motivo de contrariedade por excesso de zelo. No caso das lâmpadas elétricas, por exemplo, a verdade é que nossos olhos já se habituaram à presença delas e, a tomar meias medidas inadequadas com o intuito de camuflá-las, creio ser muito melhor mantê-las nuas, apenas protegidas por convencionais quebra-luzes de vidro leitoso, pois assim terão aspecto mais simples, natural. Tanto é verdade que, quando viajo por uma região rural ao entardecer e avisto pela janela do trem uma dessas lâmpadas providas de antiquado quebra-luz leitoso a brilhar solitária por trás do *shoji** de rústicas casas colmadas, o cenário chega a me parecer poético. Esse porém não é o caso dos ventiladores que, tanto pelo ruído como pelo formato, ainda hoje não se harmonizam com aposentos japoneses. Numa residência, poderiam até ser totalmente banidos caso seu uso não agrade ao dono, mas num estabelecimento comercial o gosto do proprietário nem sempre pode prevalecer em detrimento do bem-estar de eventuais hóspedes, principalmente no verão. O proprietário do restaurante Kairakuen, meu amigo e também ferrenho defensor do mais puro estilo arquitetônico japonês, recusou-se durante muito tempo a ter ventiladores em seu estabelecimento, mas, de tanto ouvir reclamações de clientes todos os anos no período do verão, acabou cedendo e os instalou afinal.

Eu mesmo passei por experiência semelhante há alguns anos ao construir minha casa — e gastar mais do que podia —, pois percebi que a meticulosidade excessiva

---

* *Shoji*: painel, geralmente corrediço, cuja estrutura de madeira leve forma pequenos quadrados vedados por folhas de papel japonês (*washi*). São geralmente usados para compartimentar aposentos, assim como para vedar janelas e o lado interno das varandas.

na escolha de acabamentos e de complementos acarreta dificuldades inesperadas. Por exemplo, o acabamento dos *shoji*: por meu gosto, jamais os revestiria de vidro, mas se me mostrasse rígido demais optando por papel em todas as circunstâncias, ver-me-ia imediatamente às voltas com problemas de iluminação e de segurança. Em desespero de causa, optei por revesti-los de papel internamente e de vidro externamente. Para que esta opção se tornasse exequível, precisei instalar molduras duplas, uma para o *shoji* externo e outra para o interno, medida que acarretou considerável acréscimo de dispêndio e trouxe, ao contrário do que esperava, resultado decepcionante, já que visto por fora transformou-se em simples painel envidraçado e, por dentro, o *shoji* revestido de papel não proporcionou os esperados aconchego e suavidade por causa da existência, por trás dele, do outro, acabado em vidro. Nessa altura, e só então, concluí arrependido que se era para obter tão pífio resultado eu devia ter optado por revesti-los unicamente de vidro desde o início, conclusão capaz de provocar o riso do espectador descomprometido, mas a que eu mesmo só cheguei depois de lançar mão de todos os expedientes imagináveis para manter os *shoji* revestidos de papel. A iluminação também constituiu-se em outro problema: modernamente, existem à venda diversos tipos de luminária elétrica que se harmonizam com o ambiente japonês, desde modelos que imitam abajures* e lanternas de papel** medievais até os que pendem do teto em forma de globos achatados*** ou de candelabros,**** mas como

---

* No original, *andon*: estrutura de madeira cercada de papel, em cujo interior era introduzido um prato raso de óleo destinado a alimentar a chama de um pavio.
** No original, *chouchin*: lanterna portátil semelhante a um tubo de papel, dentro do qual se levava a vela acesa.
*** No original, *happoshiki andon*.
**** No original, *shokudai*.

nenhum me agradou, procurei em lojas especializadas autênticos exemplares de antigos abajures de cabeceira e de lamparinas alimentadas por querosene* e a eles adaptei bulbos elétricos.

Especialmente problemática mostrou-se a esquematização do sistema de aquecimento. Nenhuma estufa que se preze tem formato adaptável a um *zashiki*** japonês. A alimentada a gás, por exemplo, além do inconveniente de rugir quando acesa, precisa ser complementada com chaminé, sem a qual quase certamente provocará enxaqueca nos usuários. Nesse aspecto, o ideal é a estufa elétrica, mas o problema da forma que não se coaduna com ambientes japoneses persiste. Compartimentar ao rés do chão um aquecedor elétrico do tipo usado em vagões de trem seria uma boa saída, mas a ausência de uma chama queimando rubra em noites frias me privaria do prazer de apreciar devidamente tanto o inverno quanto a reunião familiar em volta do fogo. Depois de muito dar tratos à imaginação, mandei cavar no piso da sala de estar um grande braseiro semelhante aos existentes em casas rurais e dentro dele instalei brasas elétricas, esquema que se mostrou eficaz para aquecer o ambiente e também para ferver uma água, e que, exceto pelo alto custo, considerei uma adaptação estilosa de um sistema ocidental.

O aquecimento a funcionar satisfatoriamente, tive em seguida de enfrentar o problema do banho e do sanitário. O proprietário do Kairakuen, o amigo já mencionado, não gostou da ideia de azulejar a sala de banho e a banheira,*** e optou por revestir de genuína madeira as instalações destinadas a hóspedes, mas, nem é preci-

---

* No original, *makura andon* e *ariake andon*.
** *Zashiki*: sala de visitas ou de estar.
*** Na maioria das casas japonesas há um aposento reservado apenas para o banho, no qual são instalados banheira (furô) e chuveiro, e outro, separado, com vaso sanitário e pia.

so dizer, o azulejo é muito mais adequado do ponto de vista higiênico como também mais econômico. O único problema é que, quando se usa madeira japonesa de boa qualidade em pilares, forro e lambris, a área revestida de chamativos e brilhantes azulejos passa a destoar do conjunto. A princípio, o contraste nem é tão notável, mas com o passar dos anos e o envelhecimento da madeira, pilares e lambris escurecem evidenciando a beleza dos veios, momento em que a brancura ofuscante do azulejo destoa como sol no meio da noite. Seja como for, na sala de banho a praticidade pode até ser sacrificada em nome do bom gosto, mas no banheiro os problemas tornam-se mais complexos.

Sempre que, em templos de Kyoto ou Nara, sou conduzido a uma escura e antiquada latrina* impecavelmente limpa, sinto renovar-se em mim a admiração pela arquitetura japonesa. *Zashiki*, as salas de estar japonesas, são belas, não há dúvida, mas na minha opinião as latrinas oferecem paz de espírito aos usuários. Construída invariavelmente longe do corpo da casa, à sombra de arbustos e em meio à folhagem e ao musgo de verde fragrância, a ela se chega transpondo corredores, quando então, acocorado em meio à baça claridade refletida pelo *shoji*, considero simplesmente indescritível a sensação de contemplar o jardim pela janela e me perder em pensamentos. Segundo dizem, o escritor Soseki Natsume contava as idas matinais ao banheiro entre os prazeres de sua vida, e delas auferia êxtase fisiológico. E para experimentar tal êxtase não há em minha opinião lugar mais adequado que uma latrina em estilo japonês, onde, cercado por sóbrias paredes de madeira de requintado veio,

---

* Aqui, o autor se refere ao compartimento externo com vaso sanitário e fossa.

pode-se contemplar tanto o céu azul como o verdejante frescor das plantas. Além disso, volto a dizer, é imprescindível que o ambiente seja sombrio e absolutamente limpo, e esteja imerso em silêncio tão profundo que torne audível até o fino zumbido de um pernilongo. Gosto de ouvir a chuva caindo mansamente enquanto estou em latrinas semelhantes. Sobretudo as da região de Kanto, providas de longas e estreitas aberturas similares a janelas ao rés do chão,* possibilitam ouvir bem de perto o suave murmúrio da chuva que, gotejando de um beiral ou de folhas, lava a base da lanterna de pedra, umedece o musgo crescido em bordas de lajotas e quietamente desaparece terra adentro. Com efeito, são lugares propícios para se ouvir o cricrilar de grilos e o gorjeio de pássaros, propícios também para apreciar o luar: neles se sente com penetrante intensidade a passagem das estações e a transitoriedade das coisas terrenas, neles provavelmente poetas de antanho vislumbraram temas para seus haicais. Assim, não considero de todo impossível afirmar que a latrina é a dependência de maior valorização estética da arquitetura japonesa. Com sua ímpar capacidade de tudo transformar em poema, nossos antepassados acabaram por converter em ponto de extremo bom gosto o mais insalubre aposento da casa, unindo-o a manifestações de incomparável formosura da natureza — flores, pássaros, brisa ou luar — e a uma cadeia de concepções poéticas repletas de nostalgia. Comparada à atitude ocidental de ver a latrina como algo deletério, impróprio até para ser citado em público, a nossa é mais sábia, compreendeu o substrato do requinte. E se algum defeito tem de existir, o único a meu ver é o da localização: situada em ponto distante do corpo da casa, seu uso no meio da noite pode ser desconfortável, principalmente no rigor do inverno, quando se arrisca a pegar um resfriado. Ainda assim considero pre-

---

* Aberturas para facilitar a limpeza.

ferível que a temperatura de tais instalações seja a mesma da do ambiente externo, citando como justificativa o escritor Ryoku Saito, segundo o qual "o frio estimula a estesia". O ar morno da calefação que bafeja o interior de banheiros em hotéis, por exemplo, é para mim extremamente desagradável. É portanto quase certo que nosso conceito de latrina seja considerado ideal por todo amante da pura arquitetura japonesa, mas não é fácil manter a limpeza desse tipo de instalação no padrão impecável dos que existem em instituições como o templo, onde a área construída é bem maior que o número de usuários e onde há também um eficiente pessoal de manutenção. Numa casa, a observância estrita de boas maneiras e de regras de limpeza não impedirá a sujeira de aparecer eventualmente, em particular se o piso da latrina for de madeira ou de tatame. E assim, acabo concluindo que um banheiro ocidental azulejado e com vaso sanitário ligado à rede de água e esgoto é mais higiênico e fácil de manter e, em troca, digo adeus à estesia e à apreciação da natureza. Claro, pois com quatro paredes de puro branco e tanta claridade concentrada, será difícil experimentar a sensação de "êxtase fisiológico" mencionada por Soseki. Realmente, ninguém há de discutir higiene num ambiente de imaculada brancura que expõe cada canto ou fresta, mas qual a necessidade de se visualizar com tanta clareza o local destinado ao que expelimos do nosso organismo? Se nem à beldade de alva pele acetinada perdoamos a grosseria de exibir seu traseiro ou pés desnudos, a excessiva iluminação que desvenda e exibe todo detalhe é ofensa ímpar, sem falar que a limpeza do que vemos nos leva a pensar naquilo que não vemos. Eis por que continuo achando que lugares como banheiros devem ser envoltos numa suave penumbra que torne vaga e imprecisa a linha entre o higiênico e o não higiênico. E assim, acabei instalando louça sanitária interligada à rede de água e esgoto no banheiro de minha casa, mas preferi assoalhar o piso com tábuas de canforeira para obter um ar bem japonês e excluí por completo os azulejos. Àquela altura, porém, problema maior foi escolher o aparelho sanitário. Como todos sabem, os disponíveis no mercado são todos imaculadamente brancos e têm detalhes metálicos brilhantes. Por meu gosto, optaria por vasos de madeira, um exclusivamente masculino e outro feminino. A madeira encerada seria ainda melhor, mas mesmo sem nenhum acabamento esse tipo de material adquire tonalidade escurecida com o passar do tempo, e o atraente desenho dos veios proporciona curioso efeito relaxante. Sobretudo atraente é, para mim, o mictório forrado todas as manhãs com ramos de cedro recendentes que, além de agradáveis à vista, têm a vantagem de tornar a micção silenciosa. A manutenção desse tipo de luxo, porém, está acima de minhas posses, de modo que pensei em me contentar mandando fazer um vaso do meu gosto, ao qual adaptaria o sistema de descarga convencional, mas até disso fui obrigado a abrir mão por causa da dificuldade e do alto custo que representaria a execução dessa peça única. E foi nessa altura que me dei conta: luminárias, aquecedores e aparelhos sanitários são modernidades a cuja adoção não me oponho; mas como foi que nós, os japoneses, não nos empenhamos em aperfeiçoá-los para melhor conformá-los a nossos hábitos, gostos e modo de vida?

Nos últimos tempos, a crescente popularidade dos abajures elétricos muito parecidos com seus precursores medievais — aqueles providos de quebra-luz de papel — vem provar que desperta entre nós uma vez mais a percepção momentaneamente adormecida de que o papel, além de macio e cálido, também se harmoniza mais que o vidro com uma casa japonesa. Infelizmente, porém, nada semelhante ocorreu com relação a aparelhos sanitários e a estufas, pois deles até hoje continuam inexistindo na praça exemplares mais condizentes com nosso ambiente. Na questão das estufas, acredito que a melhor adaptação foi aquela que eu mesmo consegui, qual seja, a de instalar brasas elétricas no fundo de um braseiro tradicional cavado no piso do aposento, mas o que mais me intriga é que ninguém até hoje tenha sequer tentado implementar tais pequenas modificações e que continuem à venda apenas as desajeitadas estufas ocidentais. As únicas versões elétricas de aquecedores japoneses existentes no mercado são adaptações dos tradicionais braseiros a carvão (*hibachi*), pequenos e insuficientes para esquentar um aposento. Alguns dirão que discutir preferências e antipatias por esta ou aquela prosaica engenhoca de uso diário é luxo reservado aos que não têm o que fazer na vida. Que importância teria a forma das tais engenhocas se nos protegem das intempéries ou nos salvam de morrer de fome? Realmente, por mais que tentemos negar, o frio dos dias nevados é intenso, e se deparamos com invenções úteis para atenuá-lo, a tendência inevitável é buscar rapidamente seus benefícios e deixar de lado a questão estética. Essas considerações levam-me sempre a imaginar quão diferente seria o aspecto atual da nossa sociedade caso uma cultura científica única, diversa da ocidental, houvesse prosperado no Oriente. Por exemplo, se tivéssemos desenvolvido física ou química únicas, exclusivamente nossas, não teriam, tanto a tecnologia como a indústria nelas baseadas, se desenvolvido de maneira diferente e, por conseguinte, dado origem a incontáveis pequenos inventos, bem como a remédios e a artefatos mais ajustados às características do nosso povo? Melhor ainda, os próprios princípios da física e da química se baseariam em visões diferentes das ocidentais, e tanto a natureza como o desempenho de fenômenos como luz, eletricidade e átomo apresentariam agora aspectos diferentes daqueles que hoje conhecemos. Sem nada entender de teorias científicas, estou apenas tecendo vagas conjecturas levado pela imaginação, mas supondo que, se ao menos os inventos de uso prático tivessem trilhado um rumo original em nosso país, tais inventos teriam obrigatoriamente exercido, antes de mais nada, ampla influência sobre o nosso cotidiano e, em seguida, também sobre a nossa estrutura política, religiosa, artística e industrial. Esse raciocínio leva-me facilmente à conclusão de que o Oriente teria desenvolvido um universo todo seu, peculiar e ímpar. Exemplos disso são dois objetos familiares, a caneta-tinteiro e o pincel, sobre os quais já escrevi anteriormente num ensaio para o mensário *Bungeishunju*. Se a caneta-tinteiro tivesse sido inventada na Antiguidade por japoneses ou chineses, na certa teria adaptada à sua ponta não uma pena, mas um tufo de pelos semelhante ao de pincéis. Ademais, a tinta não teria essa cor azulada, mas seria um tipo de *sumi* líquida que escorreria aos poucos do corpo da caneta para umedecer os pelos. Nesse caso, não usaríamos o papel ocidental para escrever, e sim folhas com características semelhantes às do papel japonês (*washi*), mas de categoria um tanto inferior (*kairyobanshi*) para atender à demanda em massa. E se papel, *sumi* e pincel tivessem realmente evoluído dessa maneira, caneta e tinta não teriam a popularidade de que hoje gozam, discussões sobre a romanização da escrita japonesa não teriam campo para se expandir e, em contrapartida, a preferência popular pelos ideogramas e pela escrita de nomes ocidentais com ideogramas foneticamente adaptados teria saído fortalecida. Aliás, as alterações não se restringiriam às citadas; elas alcançariam também o nosso modo de pensar e até a nossa literatura, que então talvez não imitasse tanto a ocidental e se expandisse rumo a um mundo novo e criativo. Assim considerada, a esfera de influência de um simples artigo de papelaria é quase inimaginável.

Sei muito bem que as considerações acima são apenas devaneios de um escritor e que no estágio em que nos encontramos é impossível voltar atrás e recomeçar. Estou apenas desejando o impossível e me lamuriando, mas já que estamos no terreno das lamúrias, creio não fazer mal algum prosseguir mais um tanto e considerar o tamanho da nossa desvantagem em relação aos ocidentais. Resumindo, o Ocidente veio trilhando seu caminho natural rumo ao que é hoje, enquanto o Oriente, confrontado com uma civilização superior, absorveu-a mas, em troca, desviou-se da própria rota de progresso que percorria havia alguns milênios e buscou novos rumos, o que no meu entender originou inúmeros desacertos e inconveniências. Contudo, isso não significa que teríamos feito grandes progressos materiais caso tivéssemos sido deixados à mercê de nossa própria sorte nos últimos quinhentos anos. Basta ver que no interior da China e da Índia o povo ainda leva um tipo de vida quase idêntico ao da época de Sidharta Gautama e Confúcio, mas ao menos estaríamos seguindo um rumo que nos agrada. E um dia — impossível não seria — talvez viéssemos a descobrir, em lento e cuidadoso progresso, substitutos para os trens, os aviões e os rádios atuais, inventos não mais tomados de empréstimo de outras civilizações, e sim modernas conveniências realmente adequadas ao nosso modo de vida. Exemplo disso é o cinema: o sombreamento e o matizado das fitas americanas diferem dos das francesas e alemãs. Ou seja, mesmo desconsiderando enredos ou modos de atuar, as nacionalidades diferentes manifestam-se de algum modo na imagem fotográfica. Se fitas que usaram o mesmo tipo de filme, filmadora e química produzem tanta diferença, imaginem o que não faria uma tecnologia fotográfica própria, só nossa, adequada a nossa pele, feições, tempo e clima. O mesmo se pode dizer de toca-discos e rádios: caso os tivéssemos inventado, na certa eles ressaltariam as características de nossas vozes e instrumentos musicais. Nossa música primitiva é contida, toda feita de atmosfera. Gravada em disco ou amplificada, perde boa parte de seu encanto. O mesmo se dá com a arte narrativa que, em nosso caso, é realizada em voz baixa, com economia de palavras e, sobretudo, num ritmo peculiar cuja propriedade se perde totalmente em gravações. E então acabamos distorcendo nossa própria arte para que ela se ajuste às máquinas. O ocidental, contudo, desenvolveu o próprio engenho, o qual obviamente serve aos interesses dele. Imagino que isso tenha originado inúmeras desvantagens para nós.

O papel, segundo ouvi dizer, foi inventado pelos chineses, e para nós, os japoneses, o papel ocidental nada mais é que uma utilidade; já o aspecto e a textura do papel japonês (*washi*) ou do chinês (*toushi*) nos proporcionam sensação de tépido aconchego e paz de espírito. Além disso, a brancura do papel ocidental difere da do papel japonês especial (*housho*), ou da do papel chinês branco (*hakutoushi*). A textura do papel ocidental tende a repelir a luminosidade, mas tanto o *housho* como o *hakutoushi* têm textura suave semelhante à da macia primeira neve de inverno e como ela absorve brandamente a luz. Bastante maleável, não produz ruído ao ser dobrado ou amassado. Manuseá-lo é o mesmo que tocar em folhas de árvores frescas e úmidas.

De modo geral, nós, os japoneses, sentimos desassossego diante de objetos cintilantes. No Ocidente, prata, ferro ou cobre são usados na fabricação de aparelhos de jantar e talheres, os quais são polidos até brilhar, coisa que não apreciamos. Às vezes, fazemos chaleiras, taças e frascos de saquê de prata, mas não os lustramos. Ao contrário, apraz-nos observar o tempo marcar sua passagem esmaecendo o brilho do metal, queimando e esfumaçando sua superfície. Verdadeiras comoções são provocadas em muitos lares quando, pensando agradar, empregadas desavisadas lustram utensílios cujo aspecto seus patrões viam com satisfação adquirir um sóbrio tom envelhecido. Ultimamente, a culinária chinesa é servida em utensílios de estanho porque os chineses amam a tonalidade envelhecida desse metal. Quando novos, os utensílios de estanho assemelham-se aos de alumínio e não são atraentes, mas os chineses os usam até obter uma delicada tonalidade envelhecida. E conforme a superfície escurece, os versos que às vezes encontramos gravados nela passam a ser parte harmoniosa do conjunto. Em outras palavras, o estanho, metal leve, brilhante e delgado, transforma-se nas mãos dos chineses em algo profundo, sombrio e imponente, muito semelhante à sua tradicional cerâmica *shudei*, de coloração castanho-avermelhada. Os chineses também amam o jade, mas aqui cabe uma pergunta: não seríamos apenas nós, os orientais, que sentimos atração por esse bloco de pedra estranhamente enevoado que parece conter uma luz mortiça em suas profundezas semelhante à atmosfera concentrada de centenas de anos? Nós mesmos somos incapazes de compreender por que o jade, que não tem o vívido colorido de um rubi ou de uma esmeralda, nem o brilho de um diamante, tanto nos seduz, mas ao contemplar a superfície baça dessa pedra tão genuinamente chinesa, sua densa turbidez parece nos falar do sebo de uma velha civilização. Agora a estranha atração dessa cor e da própria matéria passa a fazer sentido. Vejam também o caso dos cristais, importados em grande quantidade do Chile nos últimos tempos: quando comparados aos cristais japoneses, os chilenos são limpos, demasiado translúcidos, o que não nos atrai. Os nossos, extraídos desde a Antiguidade das minas de Koushu, têm em meio à transparência certo anuviamento generalizado que lhes confere mais peso; aliás, apreciamos mais ainda a espécie chamada *kusairi*, que contém corpúsculos sólidos embutidos. Do mesmo modo, o vidro produzido por mãos chinesas se assemelha muito mais a jade ou a ágata. Embora a técnica da vidraria fosse conhecida desde a Antiguidade no Oriente, por aqui ela não se desenvolveu tanto quanto no Ocidente, mas, em troca, a cerâmica mostrou notável evolução, fato na certa relacionado com as características dos povos envolvidos. Isso não significa que todo brilho nos desgoste, mas ao superficial e faiscante preferimos o profundo e sombrio. Seja em pedras ou em utensílios, nosso gosto é pelo brilho mortiço que remete ao lustro dos anos. *Lustro dos anos* é expressão poética, pois tal lustro na verdade nada mais é que sebo acumulado. Ou seja, é o brilho resultante da contínua manipulação de áreas ou de objetos: tocadas e acariciadas constantemente, tais peças acabam absorvendo a gordura das mãos. E então, em vez de "o frio estimula a estesia", talvez pudéssemos dizer também que "a sujeira estimula a estesia". Seja como for, as coisas que apreciamos como belas e requintadas têm em sua composição parcelas de sujeira e desasseio, não há como negar. Em contraposição ao ocidental, que renega o sebo e tudo faz para livrar-se dele, digo — talvez tentando não dar o braço a torcer — que faz parte da natureza do oriental valorizar, preservar e glorificar objetos marcados por constante manipulação, fuligem, chuva e vento, e amar tudo o que tenha a cor ou o brilho de tais objetos. Tê-los ao nosso redor e morar em construções com suas características tranquiliza-nos a alma, proporciona-nos estranha serenidade. Eis por que sempre penso: em vez de usar cores e materiais brancos e brilhantes em paredes de hospitais, aventais e equipamentos médicos, por que não optamos por outros, foscos e suaves, no tratamento de pacientes japoneses? Tenho certeza de que a tensão deles se atenuaria consideravelmente caso fossem examinados sobre tatames em aposentos semelhantes a *zashiki* e em hospitais cujas paredes fossem cor de areia. Por trás da nossa aversão por consultórios dentários está, de um lado, o irritante zunido da broca e, de outro, o excessivo número de instrumentos brilhantes, de vidro ou de metal, que nos enchem de pavor. Na época em que sofri aguda crise de nervos, eu sentia o terror me invadir à simples menção de certo dentista recém-voltado dos Estados Unidos, orgulhoso de seus métodos e equipamentos modernos. E então eu procurava outro, um tanto antiquado, que mantinha consultório num canto da própria casa de típico estilo interiorano. Não estou com isso afirmando que equipamentos obsoletos e de cores esmaecidas não constituam sério problema médico, mas, se a moderna medicina tivesse se desenvolvido no Japão, instalações e equipamentos na certa teriam sido desenhados de maneira a se harmonizar com *zashiki* japoneses. Esse é mais um exemplo de empréstimo de outras culturas que nos foi desvantajoso.

Em Kyoto, existe um restaurante de nome Waranjiya, famoso por ainda iluminar seus aposentos com velas em antiquados castiçais. Fiquei muito tempo sem lá ir e quando os procurei na primavera passada descobri que tinham substituído velas e castiçais por imitações elétricas dos medievais abajures *andon*. Perguntei-lhes quando haviam adotado a novidade e responderam-me que o tinham feito muito a contragosto no ano anterior e apenas porque muitos clientes reclamavam da excessiva obscuridade. "Mas se o senhor prefere velas em castiçais, nós as traremos com prazer", acrescentaram. Uma vez que eu mesmo havia ido até lá com o único intento de apreciar a antiga iluminação, pedi que assim fizessem. E foi então que percebi: a verdadeira beleza da laca japonesa só se revela plenamente na penumbra. Em Waranjiya, os aposentos, pequenos, têm o tamanho aproximado de quatro tatames e meio, íntimos como aqueles em que se realizam cerimônias do chá, e mesmo a luz de um abajur elétrico é insuficiente para vencer a escuridão por causa do teto e do pilar do nicho *tokonoma*, enegrecidos e de brilho baço. Mas no instante em que a luz elétrica foi substituída por velas e contemplei o aparelho de jantar e as tigelas à sua luz bruxuleante, descobri no lustro denso e profundo como pântano dos utensílios laqueados um encanto que até então desconhecia. E dou-me conta de que não por acaso nossos ancestrais, ao divisar um uso para a laca, tanto se apegaram aos utensílios pintados com ela. Sabarwal, meu amigo indiano, disse-me certa vez que em sua terra o povo ainda hoje prefere aparelhos de mesa laqueados aos de porcelana. Ao contrário deles, usamos quase tudo de porcelana, exceto bandejas e tigelas de sopa (*wan*), pois consideramos pouco refinado e de gosto duvidoso o jogo de jantar totalmente laqueado e restringimos seu uso a ocasiões especiais e a cerimônias do chá. Isso porém não seria consequência da *claridade* proveniente de modernos processos e equipamentos de iluminação? Realmente, a sombra é elemento indispensável à beleza dos utensílios laqueados. Embora hoje em dia haja até laca branca, os objetos laqueados existentes desde a Antiguidade sempre foram pretos, marrons ou vermelhos, cores que resultaram da sobreposição de camadas e camadas de *sombra*, e que nasceram de maneira natural da escuridão que tudo envolvia. A visão de caixinhas, mesas de apoio e prateleiras de laca brilhantemente enceradas com vistoso acabamento *makie** dourado ou prateado não raro provoca uma perturbadora sensação de espalhafato e até de vulgaridade, mas experimente o caro leitor cobrir de densa treva o espaço branco em torno desses objetos e iluminar o ambiente com um ponto de luz de candeeiro ou de vela em substituição aos raios solares ou à brilhante luz elétrica: o espalhafato prontamente submergirá e dará lugar a uma sóbria suntuosidade. Ao laquear objetos e executar sobre eles desenhos em *makie*, os artesãos da Antiguidade na certa tinham em mente esses escuros aposentos e pro-

---

* *Makie*: desenho executado com pó de ouro ou prata (por vezes pigmentos coloridos) aspergido sobre superfície laqueada.

curaram tirar máximo proveito da parca luminosidade. E se usaram de maneira profusa e extravagante o ouro em pó, foi porque imaginaram esse metal refletindo a luz do candeeiro e ganhando vida no escuro. Em outras palavras, trabalhos em *makie* dourado não foram feitos para ser vistos em sua plenitude sob luz brilhante, mas sim para ser apreciados em lugares sombrios, onde os diversos detalhes assomam aos poucos e de maneira intermitente, um aqui, outro acolá, em misteriosas visões de brilho mortiço e apenas porque o esplêndido padrão está quase todo oculto em trevas. Em ambiente escuro, a lustrosa superfície da laca reflete o tremular da chama, faz-nos saber que leves aragens visitam vez ou outra a placidez do aposento e convida-nos a devanear. Se laca ali não houvesse, o mundo de sonhos gerado pela misteriosa luz do candeeiro, cuja oscilação é o pulsar da própria noite, na certa perderia grande parte da sua sedução. Regatos correm sobre o tatame, lagos se formam aqui e ali quando a laca aprisiona a fina, tênue luminosidade proveniente dos pontos de luz cambiante, tecendo padrões que parecem compor um *makie* no negrume da própria noite.

Embora tenha suas qualidades, a porcelana não possui nem a sombra nem a profundidade da laca. Além de tudo, a porcelana, pesada e fria ao toque, é, sem mencionar seu incômodo retinido, ótima condutora de calor e portanto imprópria para conter coisas quentes, enquanto a laca é leve, macia, e seu ruído, quase imperceptível. Gosto em especial do peso e da reconfortante sensação de calor que me chega à palma da mão toda vez que seguro uma *wan* — a tigela de madeira revestida de laca — repleta de caldo quente. A sensação é comparável à de amparar um tenro recém-nascido nos braços. Esse prazer não nos daria a porcelana, fato que explica plenamente por que as *wan* são até hoje laqueadas. Tigelas de porcelana revelariam, no instante em que as destampássemos, tanto o caldo como a cor das coisas nelas contidas. A virtude da tigela de laca é a meu ver a sensação que ela nos proporciona quando, logo depois de destampada e no curto percurso até chegar à boca, o nosso olhar incide sobre o líquido de cor quase idêntica à da própria tigela e que repousa placidamente no fundo escuro. Somos incapazes de divisar o que existe no interior sombrio da *wan*, mas captamos na mão o suave balanço do líquido, percebemos pela borda suada da vasilha o vapor perfumado que dali se desprende e por ele pressentimos vagamente o gosto do caldo antes ainda de tê-lo na boca. Quanta diferença entre esse momento sensacional e aquele em que vemos a sopa servida à maneira ocidental num prato claro e raso! Esse momento, chego até afirmar, é místico, zen.

Toda vez que, com uma *wan* de caldo quente diante de mim, sinto entranhar-se em meus ouvidos seu característico zumbido de inseto a voar distante e antecipo os sabores que logo provarei, tenho a impressão de que vou entrar em transe. O fenômeno deve assemelhar-se ao êxtase transcendental experimentado por um mestre do chá que ouve a água ferver e imagina o vento percorrendo a copa dos pinheiros no alto de uma montanha. Diz-se que a culinária japonesa é para ser contemplada e não consumida, mas aqui, eu diria mais: ela é digna de meditação. É melodia inaudível, concerto executado pela vela a bruxulear no escuro e pelos vasilhames de laca. Soseki Natsume louvou tempos atrás em seu *Kusamakura* [Travesseiro de ervas] a coloração do *youkan*, o tradicional doce de feijão azuki, e, realmente, nada mais digno de contemplação que essa cor. A tonalidade profunda e complexa, a massa semitransparente e nublada de misteriosa profundidade que atrai e retém a luz em forma de tênue, sonhadora luminosidade — são coisas que não se veem em doces ocidentais. Comparado ao *youkan*, um creme ocidental, por exemplo, é primário e superficial. Pois acomode uma fatia desse doce *youkan* num vasilhame laqueado e mergulhe-o num ambiente de claridade apenas suficiente para divisar-lhe a cor: agora, a guloseima tornou-se digna de meditação. Ter na boca esse pedaço acetinado e frio que a sombra acresceu de estranha profundidade — e cujo sabor real talvez nem seja tão notável — é ter o próprio negrume transformado em delicioso bocado derretendo na ponta da língua. Creio que a culinária da maioria dos países foi concebida para se harmonizar com o serviço de mesa e com a tonalidade das paredes. Pois a culinária japonesa, especialmente, perde metade da apetência quando servida em ambiente e pratos claros. Quando considero por exemplo o avermelhado caldo de missô de todas as manhãs, percebo que essa cor foi desenvolvida nos escuros aposentos de antigas casas. Certa vez, fui convidado a participar de uma cerimônia do chá onde me serviram um caldo de missô, mas ao vê-lo no fundo de uma *wan* preta à vacilante luz de velas notei esse grosso caldo de cor ocre, que tomo com tanta naturalidade no cotidiano, adquirir um colorido profundo, realmente apetitoso. Considere também o *shoyu*, em especial o do tipo denso que costumeiramente acompanha sashimi, conservas e verduras da região de Kyoto: como esse líquido espesso e brilhante é rico em sombras, como se harmoniza com as trevas! E mesmo as iguarias de cor clara — o caldo de missô claro, o tofu, a massa de peixe *kamaboko*, o sashimi feito de pescado de carne branca — perdem vida pela ausência de contraste quando apresentados em ambientes claros. E, acima de tudo, o arroz: seu aspecto é belo e apetitoso quando o vemos à meia-luz servido em terrina revestida de laca escura e lustrosa. Que japonês digno desse nome não se comove quando, removida de golpe a tampa da terrina, vê o cálido vapor subir do arroz recém-preparado, cada grão a luzir como pérola em gota? Nesta altura do raciocínio dou-me conta de que também a nossa culinária tem sua tônica na sombra, e que com ela mantém uma relação indissolúvel.

Sou totalmente leigo em matéria de arquitetura, mas, segundo me dizem, a beleza das igrejas de estilo gótico reside em suas torres altas, muito altas e pontiagudas, quase a tocar o céu. Ao contrário, um templo em nosso país começa a ser construído pela cobertura, ampla e revestida de pesada telha; e na sombra densa limitada pelo beiral recolhemos toda a edificação. Externamente, o que mais se destaca nas construções japonesas, sejam elas templos, palácios ou casas populares, é o telhado — por vezes revestido de telha, por vezes revestido de colmo — e a espessa sombra reinante sob o beiral. Às vezes, pode acontecer de, em pleno dia, a escuridão sob o beiral ser tão intensa e cavernosa que quase nos impossibilita localizar entrada, porta, parede e pilares. E ao comparar visualmente o telhado com o volume construído debaixo dele, notamos que na grande maioria das construções antigas, aqui incluídos tanto rústicas casas da zona rural como imponentes templos semelhantes ao Chion'in ou ao Honganji, o telhado tem mais peso, volume e dimensão. Assim, ao construir uma residência, abrimos antes de mais nada um guarda-sol — o telhado — sobre a terra, isto é, nela projetamos um pedaço de sombra, e nesse espaço escuro e sombrio construímos a casa. Casas ocidentais também têm telhado, claro, mas este serve muito mais para proteger da chuva e do sereno que do sol: uma análise externa das construções ocidentais é suficiente para evidenciar o esforço despendido no sentido de insolar o interior e evitar a formação de áreas sombrias. Se o telhado japonês é guarda-sol, o ocidental é apenas chapéu. Aliás, chapéu de aba bem estreita, um boné, que possibilita o acesso dos raios solares à área sob o beiral. Mas a amplitude dos telhados japoneses talvez se relacione com o nosso clima, com o material de construção de que dispúnhamos e com mais alguns fatores. Uma vez que também teríamos preferido aposentos claros a escuros, foi certamente a falta de recursos — como a inexistência do tijolo, da vidraça e do concreto — que nos obrigou a aumentar a projeção do beiral para proteger-nos das arremetidas da chuva.

Mas como a beleza sempre se desenvolve em meio à realidade do nosso cotidiano, nossos antepassados, obrigados a habitar aposentos escuros, descobriram beleza nas sombras e, com o tempo, aprenderam a usar as sombras para favorecer o belo. Realmente, a beleza do aposento japonês é apenas gradação de sombras, nada mais nada menos. Considero perfeitamente compreensível e até inevitável que o ocidental, ao examinar um *zashiki*, se espante com sua simplicidade e com suas paredes acinzentadas desprovidas de itens decorativos, mas creio que isso acontece porque não decifrou o enigma da sombra. Nós, os japoneses, ampliamos o beiral diante dos *zashiki*, já de si tão pouco insolados, e ali construímos varandas com o intuito de afastar ainda mais o sol. Em seguida, providenciamos para que o reflexo proveniente do jardim atravessasse o *shoji* e se infiltrasse vagamente no interior do aposento. O elemento de beleza primordial de nossos aposentos é pura e simplesmente essa dúbia luz indireta. Pintamos intencionalmente as paredes em tons esmaecidos para que essa claridade frágil, desolada e tímida nelas se infiltrasse com tocante serenidade. Paredes de depósitos, cozinhas e corredores podem ser mais lustrosas, mas as de *zashiki* são foscas, quase sempre rebocadas com fina camada de areia colorida, já que o brilho apagaria a característica suave e frágil dessa parca claridade. Apreciamos especialmente observar essa vacilante luz externa agarrando-se à parede cor de crepúsculo e a custo ali se manter. Para nós, essa claridade baça — ou, se preferirem, essa penumbra — que adere às paredes supera qualquer peça decorativa e, comovidos, não nos cansamos de admirá-la. É natural, portanto, que para não perturbar essa preciosa claridade as paredes sejam pintadas de alto a baixo numa única cor. A tonalidade pode variar de aposento para aposento de maneira tão sutil que se julgaria imperceptível, uma variação não de cor, mas feita de mínimas gradações de claro e escuro, cuja percepção dependeria apenas do humor de quem observa. Contudo, são essas tênues variações que alteram o tom das sombras dos aposentos.

Mas em nossos *zashiki* existe mais um elemento, denominado *tokonoma* — reentrância ou nicho decorativo —, onde dispomos rolos* e arranjos florais que visam antes acrescentar profundidade às sombras do que exercer função decorativa. E na escolha do rolo priorizamos a harmonia entre este e a parede do nicho. Eis por que valorizamos igualmente tanto o conteúdo (a caligrafia ou a pintura) como a peça que o emoldura (o papel ou o pano que suporta o elemento gráfico, assim como cordões e acessórios), e o mais importante pintor ou calígrafo terá sua obra invalidada se o rolo não se coadunar com o ambiente do nicho *tokonoma* onde será exposto. Em contrapartida, existem casos em que o rolo não é nenhuma obra-prima, mas uma vez exposto no nicho harmoniza-se à perfeição com o aposento, e inesperadamente tanto este como o próprio rolo se valorizam. E então nos perguntamos: qual elemento desse rolo desprovido de atrativos foi responsável pela harmonia? Quase sempre, o ar de antiguidade do elemento que emoldura a pintura ou a caligrafia, assim como a cor da *sumi* e dos demais aces-

---

* No original, *kakejiku*: pintura ou exercício caligráfico, ou ainda uma composição de ambos em papel ou tecido. A obra é fixada sobre papel ou tecido especial e o conjunto é guardado enrolado em torno de um eixo cilíndrico à maneira dos antigos manuscritos em papiro.

sórios. É esse ar de antiguidade que vai compor o devido equilíbrio entre o nicho onde é exposto e as sombras do aposento. Em visita a templos famosos de Kyoto ou Nara, somos com frequência conduzidos a um *zashiki* de estudos (*sho'in*) nas profundezas do prédio e ali convidados a apreciar um rolo — o tesouro da instituição — exposto no nicho. Tais aposentos, porém, são geralmente tão escuros que quase nada conseguimos lobrigar da pintura ou da caligrafia propriamente dita, só nos restando então perseguir com o olhar os vagos traços da tinta *sumi* e imaginar a excelência da pintura que temos à frente enquanto ouvimos a explicação do monge-guia. Simultaneamente, porém, sentimos que essa obra esmaecida e o nicho sombrio compõem um intrigante conjunto harmônico e, no mesmo instante, a imprecisão dos traços não só deixa de ter importância como também se torna perfeitamente apropriada. Ou seja, nessa situação, a pintura nada mais é que uma refinada superfície que serve para capturar a débil e vacilante luz, e exerce a mesma função da parede fosca de textura granulada. Fica assim explicada a razão por que, no momento de escolher um rolo, valorizamos a antiguidade e o ar de elegante envelhecimento (*sabi*), pois uma pintura nova, mesmo em *sumi* monocrômica ou em suave tonalidade pastel, é capaz de destruir o jogo de sombras de um nicho *tokonoma*.

O aposento japonês é comparável a uma pintura monocromática a *sumi*, em que os painéis *shoji* correspondem à tonalidade mais clara e o nicho *tokonoma* à mais escura. Ver um desses nichos num *zashiki* executado com bom gosto faz-me sempre admirar a capacidade dos japoneses de compreender o mistério das sombras e usar o claro-escuro com propriedade e engenho. Não existe nenhum elemento decorativo especial num nicho. Ou seja, o *tokonoma* é uma reentrância vazia formada de madeira e parede, para onde a claridade é atraída de maneira a criar indistintas manchas sombrias aqui e ali. Ainda assim, quando contemplamos as manchas que se agregam por trás da trave (*otoshigake*), em torno dos recipientes para arranjos florais, ou ainda sob as estreitas prateleiras laterais (*chigaidana*) — simples sombras, nada mais —, temos a forte impressão de que o ar se condensou só ali em agudo silêncio e em desolada solidão, imutável, eterna. Penso que a expressão "Oriente misterioso" usada por ocidentais designa esse tipo de sinistra quietude que caracteriza nossas sombras. Eu mesmo, quando criança, sentia indizível, enregelante pavor toda vez que olhava para o recesso do nicho no *zashiki* de casa ou de um templo, e observava esse espaço jamais alcançado diretamente por raios de sol. Onde está a chave desse mistério? Para dizer a verdade, na magia das sombras. Se a sombra originada em recessos e recantos fosse sumariamente banida, o nicho reverteria de imediato à condição de simples espaço vazio. A genialidade de nossos antepassados escureceu propositalmente um espaço vazio e conferiu ao mundo de sombras que ali se formou profundeza e sutilidade que superam qualquer mural ou peça decorativa. Embora não pareça, essa técnica é difícil. Na instalação da janela lateral *sho'in*,* no posicionamento da trave, na altura do piso elevado, em cada pequeno detalhe do nicho facilmente se percebe todo um processo invisível e trabalhoso. A claridade difusa e esbranquiçada que ilumina o *shoji* da janela lateral faz-me estacar e perder a noção das horas em muda contemplação. Destinadas originalmente a lançar claridade sobre escrivaninhas em salas de estudos, com o tempo tais janelas passaram também a ser construídas

---

* *Sho'in*: janela falsa, geralmente de formato arredondado, vedada com *shoji*. Construída na parede lateral do nicho *tokonoma*, esse tipo de janela tem esse nome por se assemelhar à existente nas salas de estudo denominadas *sho'in*.

na parede lateral do nicho e a desempenhar a função de filtro inicial da luz externa. Vista internamente, como é gelada e triste a claridade que chega ao *shoji* dessas janelas! Depois de passar sob o beiral, cruzar o corredor e a duras penas alcançar essas falsas janelas, os raios solares provenientes do jardim perdem a capacidade de iluminar, empalidecem e mal conseguem salientar baçamente a cor do papel do *shoji*. Em pé diante dessas janelas, fico muitas vezes só contemplando a superfície luminosa, nada ofuscante. Em construções amplas como templos, a distância que separa um *zashiki* do jardim é maior e torna a luminosidade ainda mais fraca e baça, imutável pelas quatro estações do ano, por manhãs e tardes, em dias de sol ou de chuva. E a sombra projetada no papel de cada quadrado do *shoji* faz-me desconfiar que uma espécie de poeira tingida ali se acumulou para sempre. Pestanejo então, duvidoso dessa claridade de sonho. Sinto como se algo incerto e vaporoso pairasse diante dos meus olhos e empanasse minha visão. Esse estranho efeito é causado pela claridade esbranquiçada que se reflete no papel do *shoji*: sem forças para expulsar a densa treva reinante no nicho, a claridade é repelida e cria um mundo indistinto em que claro e escuro não têm limites definidos. Ao entrar nesse tipo de aposento, não terá o leitor alguma vez sentido que sua claridade é diferente de todas as outras, que há algo solene e aprazível no ar? Talvez desconfie que meses e anos podem transcorrer despercebidos, e que quando de lá sair poderá estar transformado num ancião de cabelos brancos como a neve. E talvez sinta um reverente temor da eternidade...

Ao visitar as entranhas de vastas construções, como templos, numa hora em que a luz externa já não as alcança, não terá o leitor visto o ouro aplicado a um biombo ou a uma folha de porta corrediça capturar a ponta de um único feixe de luz proveniente de jardins distantes e emitir um difuso clarão de sonho? Penso que em nenhuma outra situação a beleza do ouro é tão pungente quanto essa em que seu clarão irradia, assim como o céu do entardecer, uma frágil luminescência dourada na penumbra ao redor. Sigo em frente mas volto-me diversas vezes e torno a olhar: conforme me desloco, a superfície dourada emite um estranho brilho mortiço, profundo e envolvente. Não um cintilar rápido e inquieto, mas um clarão de lento declínio como o empalidecer de um rosto gigantesco. Ou então descubro, sempre me deslocando, o ouro em pó espargido ao fundo, até então baço, adormecido, de repente ganhar vida e cintilar como labareda. Nesses momentos, não posso deixar de me perguntar, maravilhado, como esse metal é capaz de atrair tanta luz em local tão sombrio. Eis a razão por que os antigos usavam ouro para pintar as imagens búdicas, ou para folhear as quatro paredes dos aposentos usados pela nobreza no cotidiano. Os modernos desconhecem esse aspecto da beleza do ouro porque vivem em casas bem iluminadas. Mas os antigos, que viviam em casas escuras, não só sentiram fascínio por essa bela cor, como também se deram conta da sua utilidade. O ouro servia como refletor em aposentos parcamente iluminados. Em outras palavras, os antigos não consideravam ouro em pó ou em folha um artigo de luxo; simplesmente tiravam proveito do seu poder reflexivo para obter a claridade de que careciam. Eis por que esse metal era tão apreciado: diferentemente da prata e dos demais metais que depressa perdem o lustro, o ouro mantém o brilho por muito tempo. Eu já disse anteriormente que trabalhos em *makie* foram feitos para ser contemplados no escuro, e a mesma lógica está por trás do pródigo emprego de fios de ouro em tecidos antigos. O paramento em brocado de ouro usado por monges budistas é, aliás, um dos melhores exemplos disso. Nos modernos templos erigidos em centros urbanos, o santuário bem iluminado não nos permite apreciar devidamente tais vestes: elas nos parecem apenas espalhafatosas, qualquer que seja a personalidade do ilustre monge que as usa. Basta porém comparecer a um rito tradicional em templo histórico para perceber enfim com que propriedade harmonizam-se a pele enrugada do idoso monge com a bruxuleante luz votiva e com a textura do brocado de ouro, e como o conjunto contribui para intensificar a solenidade da cerimônia. Isso acontece porque, assim como no caso do *makie*, grande parte do espalhafatoso brocado oculta-se nas sombras, e apenas fios prateados e dourados vez ou outra produzem cintilações.

Penso também — e isso talvez seja uma impressão pessoal, só minha — não existir nada que combine tanto com o tom de pele japonês quanto a roupagem dos atores do teatro Nô. Há fios de ouro e prata usados em profusão no brocado dessas roupas, contra as quais a pele dos atores do Nô, bronze-avermelhada ou cor de marfim com leve sugestão dourada, típica dos rostos japoneses, exibe uma sedução ímpar que não me canso de admirar. Tecidos bordados ou entremeados de fios de ouro ou prata combinam admiravelmente com o tom de nossa pele, assim como sobretudos verde-escuros ou cor de caqui, ou ainda quimonos brancos e lisos. E se o ator é jovem e belo, a cor e a textura fina e brilhante da pele da face destacam-se, resultando numa aparência sedutora diferente da feminina, fato que me leva finalmente a compreender: ali está a razão pela qual antigamente daimios perdiam a cabeça por seus pajens belos e jovens. A roupagem do gênero teatral Kabuki, tanto em peças históricas como em bailados dramáticos, nada fica a dever em matéria de beleza à do Nô, mas, depois de assistir repetidamente tanto a um como a outro, acho, ao contrário da maioria das pessoas, que as roupas do teatro Nô são mais sensuais que as do Kabuki. À primeira vista, o teatro Kabuki, principalmente o antigo, é mais erótico e vistoso, mas nos palcos feericamente iluminados à maneira ocidental dos nossos dias o berrante colorido dessa roupagem tende a parecer vulgar e enfastiante. O mesmo se dá com relação à pesada maquiagem usada pelos atores do Kabuki: apesar de bela, constrói um rosto inteiramente artificial, que nada tem a ver com a autêntica beleza da pele natural. O ator do teatro Nô sobe ao palco com rosto, pescoço e mãos limpos, e a sedução que emana de suas feições é dele, nada existe em seu rosto capaz de iludir nosso olhar. Por essa razão, nunca nos desapontamos ao ser apresentados fora do palco ao ator que interpreta o galã ou o papel feminino de uma peça Nô. A única pergunta que então nos fazemos é: por que misteriosa razão a aparência desses atores, cujo tom de pele é idêntico ao nosso, torna-se magnífica no momento em que eles vestem as roupas de cores espalhafatosas da época das casas guerreiras, roupas que aliás jamais julgaríamos que lhes cairiam bem? Certa vez, assisti a uma atuação do sr. Iwao Kongo no papel da bela princesa Youki* na peça *Koutei* [O palácio imperial] e nunca me esquecerei da beleza daquelas mãos que espiavam pela boca das mangas. Enquanto as observava, volvi diversas vezes o olhar para as minhas, sobre meus joelhos. Movimentos sutis a partir do pulso e técnica apurada no controle dos dedos eram sem dúvida responsáveis pela impressão de beleza daquelas mãos, mas ainda não explicavam a misteriosa cor daquela pele nem o lustro que dela parecia se desprender. Aquelas mãos pertenciam a um japonês comum, sua cor e textura não diferiam das que pousavam sobre meus joelhos. Duas, três vezes comparei as mãos do sr. Iwao Kongo com as minhas, e sempre me pareceram iguais. Apesar disso, as mãos do homem sobre o palco eram belas, quase voluptuosas, enquanto as que descansavam sobre minhas coxas eram apenas mãos. O atributo não é exclusivo do sr. Kongo. No teatro Nô, a

---

* Yang Kuei-fei, em chinês.

roupa oculta todo o corpo do ator, com exceção de rosto, pescoço e mãos, as últimas até o pulso, e em papéis como o da princesa Youki, até o rosto se esconde por trás de uma máscara. Ainda assim o brilho e a textura desse pouco de pele exposta são marcantes. O sr. Kongo é um exemplo particularmente notável, mas a maioria das mãos dos atores do teatro Nô — mãos comuns que em nada diferem das de qualquer cidadão japonês — exibe um fascínio que jamais vimos em pessoas com roupas modernas e nos faz arregalar os olhos. Como já disse antes e aqui repito, isso não acontece apenas com atores bonitos ou jovens. Por exemplo, lábios masculinos não parecem atraentes em circunstâncias normais, mas os de um ator Nô, úmidos e vermelho-escuros, adquirem no palco um aspecto viscoso e sedutor que suplanta os femininos cobertos de batom. Parte desse aspecto se deve ao fato de o ator umedecê-los continuamente com saliva para facilitar o entoamento de suas linhas, mas não creio que seja apenas isso. Outro detalhe notável é o rubor viçoso que sobe às faces de um ator mirim. A experiência me permite concluir que o rubor torna-se ainda mais deslumbrante quando as roupas do ator mirim são de tonalidade verde. Essa cor favorece os atores de pele clara, naturalmente, mas destaca muito mais os de pele morena porque o contraste do vermelho sobre a pele branca é excessivo contra a roupa verde-escura, enquanto o vermelho sobressai menos na pele morena e, em consequência, roupa e rosto iluminam-se mutuamente. A harmonia do verde-escuro com o castanho-escuro destaca ambas as cores, e disso se aproveita o povo de pele amarela para atrair olhares admirados. Não sei de outros exemplos de beleza envolvendo harmonia de cores, mas de uma coisa tenho certeza: tal beleza será totalmente banida se os palcos do teatro Nô passarem a ser iluminados por modernos refletores, tal como os do teatro Kabuki. Até hoje, um acordo tácito tem mantido na penumbra o palco onde são exibidas as peças Nô, como no passado. E quanto mais antigo for o próprio teatro, melhor. Quanto ao palco, o ideal é que o piso seja de assoalho de brilho natural, e que colunas e painéis de fundo sejam de madeira enegrecida e lustrosa, e que o conjunto esteja mergulhado em intensa penumbra, como se houvesse um enorme sino de templo budista preso à viga sobre a cabeça dos atores. Nesse aspecto, a iniciativa de trazer o teatro Nô para vastos auditórios capazes de abrigar multidões pode ser válida em certos aspectos, mas sem dúvida reduzirá à metade a beleza dessas peças.

Tanto a penumbra, que invariavelmente ambienta as peças do teatro Nô, como a beleza que dela decorre compõem um mundo de sombras peculiar que hoje só encontramos em teatros. Tudo indica, porém, que no passado tal mundo era muito próximo ao cotidiano das pessoas. Antigamente, a mesma sombra que envolve o palco do teatro Nô estava presente na arquitetura residencial e o mesmo tipo de vestuário dos atores do Nô — estes porém com padrão e cores comparativamente mais vivos — era usado no cotidiano por senhores feudais e nobres. Fico extasiado só de imaginar a beleza dos antigos japoneses, especialmente a dos guerreiros de luxuosa roupagem do período Sengoku ou do Momoyama.* O teatro Nô mostra a figura masculina em todo o seu esplendor e, baseado nessa figura, imagino como teria sido galante e ao mesmo tempo austero o aspecto do antigo guerreiro calejado em campos de batalha: seu rosto, que teria malares salientes e pele vermelho-escura curtida por intempéries, contrastaria vivamente com a roupa brasonada de tecido lustroso semelhante à dos atores do teatro Nô... Fantasias seme-

* Juntos, os dois períodos correspondem aproximadamente aos anos de 1460 a 1570.

lhantes devem povoar a mente de todos os que assistem a uma peça Nô, e a certeza de que o mundo de cores sobre o palco existiu dessa exata maneira na certa proporciona, além do prazer do espetáculo, o de lembrar o passado. Em contraste, o mundo do teatro Kabuki é falso, nada tem a ver com a beleza real do nosso povo. Impossível imaginar que, antigamente, a beleza feminina ou mesmo a masculina tivesse alguma semelhança com a que vemos no palco, muito embora o mesmo possa ser dito com relação às peças do teatro Nô, já que nestas todo ator que representa papel feminino usa uma máscara no rosto. Mas no caso do Kabuki essa impressão de falsidade resulta da excessiva iluminação do palco: nos tempos em que inexistiam holofotes e a claridade provinha da deficiente luz de velas e lampiões, as mulheres representadas por atores masculinos talvez se assemelhassem um pouco mais às reais. Vista por esse prisma, a tão comentada inexistência de atores de Kabuki capazes de representar papéis femininos de maneira convincente nos últimos tempos nada teria a ver com falta de talento ou com inadequação da silhueta dos referidos atores. Se os antigos que representavam papéis femininos (*onnagata*) fossem obrigados a se exibir nos palcos feericamente iluminados de nossos dias, na certa revelariam suas características incomodamente masculinas tão bem ocultas nos penumbrosos palcos do passado. Foi o que senti com intenso pesar ao ver o ator Baiko na velhice representando o papel da jovem Okaru. Naquele momento pensei: o que destrói a beleza do Kabuki é essa iluminação exagerada e desnecessária.

Ouvi certa vez de um especialista de Osaka que o teatro de bonecos Bunraku continuou iluminado por lampiões muito tempo depois da introdução da eletricidade na época Meiji, e que por esse motivo o poder sugestivo das peças daquele tempo era muito maior do que o das atuais. Como eu mesmo sou dos que, apesar da intensa iluminação atual, ainda sentem que os bonecos do Bunraku são mais reais que as mulheres representadas por atores masculinos do Kabuki, sinto um arrepio percorrer-me o corpo quando mentalizo a extraordinária beleza dos palcos antigos com sua deficiente luz de lâmpadas apagando a rigidez característica dos bonecos e amortecendo o brilho de suas faces de porcelana.

Como sabem, os bonecos femininos do teatro Bunraku são constituídos apenas de cabeça e mãos. Torso, braços e pernas ficam ocultos pelo quimono longo, e o movimento dessas partes é apenas sugerido pela mão do bonequeiro introduzida dentro das roupas. Para mim, essa é a composição que mais se aproxima da realidade: no passado, mulheres eram presenças marcadas apenas pelo que se via acima da gola e além da boca das mangas. O restante ficava oculto em densa escuridão. Mulheres das antigas classes média e alta dificilmente saíam de casa e, quando o faziam, ocultavam-se no fundo de liteiras, não se mostravam em público. Metidas nos aposentos escuros de suas mansões, ali passavam a vida inteira, corpos submersos dia e noite na penumbra, e presenças marcadas apenas por seus rostos. Por essa razão, o vestuário masculino era mais vistoso que o feminino. Inacreditavelmente, quimonos de senhoras e de mulheres jovens da classe mercantil do período Edo, por exemplo, eram feitos de cores sóbrias porque a roupa era parte das sombras, simplesmente um elemento de conexão entre estas e o rosto. E o costume de enegrecer os dentes, parte da maquiagem feminina da época, talvez fosse uma tentativa dos antigos de escurecer todo e qualquer espaço branco que não fosse a face da mulher pela introdução de sombras na cavidade bucal. Hoje, só se vê esse tipo de maquiagem em casas de diversão de áreas tradicionais como Shimabara, em Kyoto. Eu, porém, tenho boa ideia da aparência dessas mulheres antigas porque me lembro de minha mãe costurando à fraca luz proveniente do jardim dos fundos da casa em Nihonbashi, onde morei na infância. Até então, isto é, até a altura de 1890, casas da zona urbana de Tóquio eram construções sombrias, e tanto minha mãe como minhas tias e quase todas as mulheres da idade delas ainda costumavam enegrecer os dentes. Não guardo nítida lembrança dos quimonos que minha mãe usava em casa, mas quando precisava sair ela vestia o de tecido cinzento e padronagem miúda. Minha mãe era muito baixa, mal media um metro e cinquenta, mas esse devia ser o tamanho padrão das mulheres da época. Eu diria que elas não tinham altura, e, com o risco de exagerar, nem corpo. Além do rosto e das mãos, lembro-me apenas vagamente dos pés da minha mãe, mas não guardo na memória nada relativo ao torso. Nesse ponto, o que me vem à mente é a imagem da deusa Kannon no templo Chuguji, cujo corpo deve representar o da maioria das japonesas antigas. Peito chato como prancha, seios finos como folha de papel, ventre côncavo, costas, quadris e traseiros sem reentrâncias ou saliências, torso desproporcionalmente magro e fino em comparação ao rosto, às mãos e aos pés, não um corpo de carne e osso, mas um pilão... Mas as mulheres antigas não teriam todas elas sido assim? Em famílias antigas e tradicionais, e também entre gueixas, existem ainda hoje algumas velhinhas com esse tipo físico. Ao vê-las, lembro-me sempre de eixos de bonecos. Realmente, torsos de bonecos são eixos de madeira destinados a sustentar a roupa, nada mais nada menos. O enchimento do torso consiste apenas de camadas sobrepostas de algodão e roupa, mas tire a roupa dessas mulheres e restará apenas um eixo estranho muito semelhante ao de bonecos. Mas no passado isso era suficiente. Quem vivia nas sombras não precisava de torso, apenas de um rosto pálido. Suponho que seja difícil para aqueles que louvam a beleza sadia da mulher moderna imaginar a beleza fantasmagórica das mulheres antigas. Também pode haver gente disposta a argumentar que beleza que precisa ser disfarçada em ambiente escuro não é real. Mas conforme eu já disse antes, nós, orientais, criamos sombras em qualquer lugar e, em seguida, a beleza. "Junta e enfeixa/ e dos gravetos farás/ uma cabana,/ desata o feixe e terás/ outra vez a campina", diz um antigo poema e, realmente, nossa maneira de pensar é esta: a beleza inexiste na própria matéria, ela é apenas um jogo de sombras e de claro-escuro surgido entre matérias. Da mesma maneira que uma gema fosforescente brilha no escuro mas perde o encanto quando exposta à luz solar, creio que a beleza inexiste sem a sombra. Em outras palavras, nossos ancestrais viam a mulher como uma obra em *makie* ou em madrepérola, algo cuja relação com as sombras era indissolúvel, e tudo faziam para imergi-la na penumbra ocultando-lhe braços e pernas em mangas e quimonos longos e destacando-lhe apenas a cabeça. Realmente, o torso achatado e desprovido de simetria poderá parecer feio quando comparado ao de mulheres ocidentais. Contudo, nossos pensamentos não alcançam o invisível. O invisível consideramos inexistente. Quem insiste em contemplar a feiura encoberta expulsa a beleza aparente com a mesma presteza daquele que ilumina o nicho com uma lâmpada de cem velas.

Por que essa propensão a buscar a beleza nas sombras é tão forte apenas entre os orientais? Houve um tempo em que a eletricidade, o gás ou o petróleo eram desconhecidos também no Ocidente, mas até onde sei essa parte do mundo nunca tendeu a apreciar o escuro. Desde tempos imemoriais, os fantasmas japoneses não têm pés, enquanto os ocidentais, segundo ouço dizer, têm pés mas são transparentes. Conforme se observa por esse exemplo trivial, um negrume cinzento está sempre presente em nossa imaginação, enquanto na dos ocidentais até fantasmas são claros, transparentes como vidro. O mesmo acontece com utensílios de uso cotidiano: a cor que apreciamos é composta de camadas de sombras, enquanto os ocidentais dão preferência a cores compostas por camadas de luz solar. Nós amamos objetos de prata ou bronze oxigenados, eles os consideram anti-higiênicos e os lustram até vê-los cintilar. Pintam em cores claras o interior dos aposentos — paredes e teto — para evitar o surgimento de áreas sombrias. Nós compomos nossos jardins com árvores e vegetação densa, e eles estendem um tapete de relva em terreno plano. A que se deve tanta diferença? Creio que nós, os orientais, buscamos satisfação no ambiente que nos cerca, ou seja, tendemos a nos resignar com a situação em que nos encontramos. Não nos queixamos do escuro, mas resignamo-nos com ele como algo inevitável. E se a claridade é deficiente, imergimos na sombra e descobrimos a beleza que lhe é inerente. Mas os ocidentais, progressistas, nunca se cansam de melhorar suas próprias condições. De vela a lampião, de lampião a lampião de gás, de lampião de gás a lâmpada elétrica, buscaram a claridade sem cessar, empenharam-se em eliminar o mais insignificante traço de sombra. A explicação talvez esteja nessa discrepância de temperamentos, mas eu gostaria aqui de tecer algumas considerações em torno da diferença da cor de nossas peles.

Desde a Antiguidade, também entre nós havia a noção de que a pele clara é mais bela que a morena, mas existe certa diferença entre a nossa brancura e a da pura raça branca. Observados de perto, existem japoneses mais brancos que os ocidentais, assim como ocidentais mais morenos que japoneses, mas há uma diferença tanto na brancura quanto na morenice. Digo isso por experiência própria: no período em que morei ao pé das montanhas de Yokohama, passei bom tempo com os moradores da concessão estrangeira, participando de seus banquetes e bailes. Notei então que a brancura deles, quando comparada à dos japoneses, não sobressaía de maneira particular quando observada de perto, mas, de longe, tornava-se claramente perceptível. Havia senhoras japonesas tão bem-vestidas quanto as ocidentais e mais brancas que estas, mas observadas à distância tais senhoras, ou mesmo uma única, eram facilmente detectadas num grupo de brancos. Isso porque existe na pele japonesa, até na mais branca, um leve toque de sombra. Da mesma maneira que a água cristalina não esconde a impureza acumulada em seu leito quando vista de grande altura, aquelas senhoras, que cobriam de espessa maquiagem branca cada pedaço de carne exposta — costas, braços e até axilas —, não conseguiam nem assim apagar o toque de sombra existente no fundo de suas peles. Áreas sombrias que lembram poeira acumulada surgem especialmente no vão entre os dedos, ao redor das narinas, no pescoço e ao longo da espinha. A pele ocidental pode até ser mais tisnada na superfície, mas sua base é clara e transparente, nela não há sombra. É branca, puramente branca, da cabeça à ponta dos pés. Eis por que sentimos como se uma mancha clara de *sumi* enodoasse uma folha branca quando algum de nós se junta a um grupo de ocidentais. Até a nós a visão incomoda e desagrada. Destarte, conseguimos compreender por que a raça branca rejeitou a colorida no passado: a nódoa criada em suas reuniões sociais, fosse ela constituída só de um ou de dois indivíduos coloridos, era muito incômoda. Não sei se isso ainda é real nos dias de hoje, mas nos tempos da Guerra de Secessão, em que a perseguição aos negros alcançou o ápice, o ódio e o desprezo dos brancos se estendeu, segundo ouvi dizer, não só aos negros puros como também aos mulatos, aos filhos destes e aos filhos destes com brancos. Perseguiram e torturaram todos os que possuíam uma parcela — ¼, ⅛, ¹⁄₁₆ ou ¹⁄₃₂ que fosse — de sangue negro. Nem mesmo aqueles visualmente indistinguíveis do branco, mas que tiveram na linhagem um único negro duas ou três gerações antes escapavam ao olhar obstinado dos que buscavam o mais leve traço de cor em peles imaculadamente brancas.

E então percebemos como é profunda a relação da raça amarela com a sombra. Uma vez que a ninguém agrada parecer feio, é apenas natural que tivéssemos escolhido cores nebulosas para a nossa comida, roupa e casa, e que procurássemos submergir em ambientes escuros. E como nossos ancestrais não tinham consciência nem da sombra em suas peles nem da existência de povos mais brancos, só me resta concluir que seu senso de cor guiou-os naturalmente nessa escolha.

Nossos ancestrais fecharam quatro lados, o topo e a base de uma luminosa área da superfície terrestre e criaram inicialmente um mundo de sombras. E nas profundezas desse mundo sombrio confinaram a mulher, convencidos talvez de que ela era o ser humano mais branco do mundo. Esse teria sido o único recurso de um povo que considerava a alvura da pele elemento essencial da beleza feminina, e, à maneira deles, estavam certos. O branco puro tem cabelos claros, nós os temos escuros — é assim que a natureza nos ensina a lógica das sombras. E agindo inconscientemente de acordo com ela, os antigos lograram branquear o rosto amarelo e destacá-lo. Há pouco, escrevi a respeito do enegrecimento dos dentes, mas o costume entre as mulheres antigas de raspar as sobrancelhas não teria sido outro recurso para destacar o rosto? E o que mais admiro é o batom verde-fosforescente, da cor de couraça de certos besouros. Embora até as mais tradicionais gueixas de Gion tenham deixado de usá-lo hoje em dia, esse é o tipo de cor cujo atrativo real só compreendemos quando o imaginamos refletindo a luz bruxuleante de uma vela. Os antigos pintaram intencionalmente os lábios rubros da mulher de verde-escuro e nessa cor introduziram o iridescente fulgor da madrepérola. Além disso, roubaram de suas faces cheias e belas o que sobrava de rubor. Não consigo imaginar nada mais branco que o rosto de uma jovem que sorri à vacilante luz de velas e exibe vez ou outra dentes brilhantes que lembram laca negra por entre lábios esverdeados, cor de fogo-fátuo. Ao menos no fantástico mundo que minha mente visualiza, esse rosto é mais branco que o da mais branca mulher branca. A brancura dos brancos é transparente, previsível, comum, mas a que vejo no meu mundo imaginário distancia-se da condição humana. Realmente, esse tipo de brancura pode nem existir. Talvez seja apenas um malicioso jogo de luz e sombra, ilusório e fugaz. Mas com isso nos satisfazemos. Mais não desejamos.

Neste ponto, quero tecer algumas considerações em torno da cor do negrume que circunda a brancura de tais rostos. Lembro-me de ter visto um tipo de negrume inesquecível há alguns anos, quando conduzi certa pessoa de Tóquio a Kyoto para conhecer a casa de chá Sumiya, de Shimabara. Introduzido num vasto aposento fracamente iluminado por velas e denominado "Sala do Pinheiro" — tempos depois destruído num incêndio —, notei que o negrume ali reinante era mais intenso que o de aposentos pequenos. No momento em que entrei, uma criada idosa, sobrancelhas raspadas e dentes enegrecidos, arrumava um jogo de velas sentada formalmente diante de um grande painel, cuja superfície limitava uma pequena área iluminada do tamanho aproximado de dois tatames. E atrás do painel pendia um negrume denso e peculiar que, intocado pela luz vacilante das velas, parecia derramar-se do teto, bater contra a parede negra e ricochetear. Você já viu alguma vez a cor desse tipo de escuridão a que talvez pudéssemos chamar "negrume brilhante"? Diferente da matéria que à noite encobre as ruas, pareceu-me repleto de corpúsculos semelhantes a cinza fina, cada mínima partícula a brilhar iridescente.

Pisquei sem querer, temeroso de que me invadissem os olhos. Hoje em dia já não se vê esse tipo de negrume, nem em aposentos iluminados a vela, porque, atendendo à moda atual, constroem-se aposentos cada vez menores, de dez, oito ou seis tatames. Mas nos amplos aposentos medindo algumas dezenas de tatames existentes em construções de pé-direito alto e corredores largos, como por exemplo os antigos palácios e casas de prazer, sombras com essas características deviam normalmente pairar como neblina. E nesse negrume cintilante submergiam os antigos aristocratas. Conforme escrevi em "Ishou'an zuihitsu" [Crônicas de Ishou'an], o homem moderno, há muito habituado com a luz elétrica, já se esqueceu de que tal negrume chegou a existir. Estranhos seres nebulosos e ilusórios deviam esgueirar-se nessa "escuridão visível" reinante no interior das mansões antigas, propiciando alucinações e aterrorizando mais que a noite externa. Com certeza era desse tipo de negrume que saltavam monstros e seres fantasmagóricos, mas... as mulheres que ali viviam, cercadas por cortinados, biombos e portas, não pertenceriam à mesma família? A intensa treva com certeza revoluteava dez, vinte vezes em torno delas, preenchendo todo o vazio ao redor da gola, da manga ou da prega do quimono. Mas esperem: pode ser também que a treva, em vez de envolvê-las, brotasse — isto sim — de seus corpos, cabelos e bocas de dentes enegrecidos qual teia urdida por gigantesca aranha...

Quando Musou'an Takebayashi retornou de Paris, há alguns anos, comentou que as noites de Osaka e Tóquio eram incomparavelmente mais claras que as de cidades europeias. Por exemplo, disse ele, em pleno Champs Elysées ainda havia casas iluminadas a lampião, enquanto no Japão só em locais remotos, perdidos em meio a montanhas. Estados Unidos e Japão talvez fossem os países que empregavam luz elétrica de maneira mais exuberante em todo o mundo. Comentou também que o nosso país procurava imitar os Estados Unidos em tudo. Musou'an fez essa observação há quase cinco anos, época em que ainda não existiam propagandas de gás neon, tão comuns atualmente. Quero crer, portanto, que ficará ainda mais admirado em seu próximo retorno. Ouvi também outro episódio, este contado por Sanehiko Yamamoto, presidente da editora Kaizo: alguns anos atrás, ele conduzia o cientista Einstein a Kyoto e, na altura de Ishiyama, o cientista, que contemplava a paisagem externa pela janela do trem, teria dito: "Olhe, que desperdício!". E quando lhe perguntaram o que lhe causara estranheza, ele teria apontado alguns postes com lâmpadas acesas em plena luz do dia. "Einstein é judeu e essas coisas o incomodam", observou Yamamoto. Seja como for, tudo indica que, depois dos Estados Unidos, o Japão desperdiça mais energia elétrica que qualquer outro país ocidental. E por falar em Ishiyama, há ainda outro episódio interessante relacionado com essa região: neste outono, depois de hesitar um bom tempo na escolha do local em que comemoraria o Festival da Lua, optei afinal pelo templo Ishiyama. Os jornais da véspera, porém, publicaram uma nota comunicando que, com o intuito de aumentar o prazer dos apreciadores do luar, o referido templo espalhara alto-falantes pelo bosque do entorno para que todos pudessem ouvir a "Sonata ao luar". Ao ler a notícia, desisti imediatamente de ir a Ishiyama. Alto-falantes e "Sonata ao luar" eram sem dúvida sério problema, mas se os organizadores os haviam instalado, eu podia esperar com razoável certeza lâmpadas e um sistema completo de iluminação enfeitando diversos pontos da montanha para assegurar um espalhafatoso ar festivo. Isso me fez lembrar outro festival perdido: na noite de 15 de agosto de anos atrás, resolvi contemplar o plenilúnio de um bote no meio do lago do templo Suma e para lá fomos, meus amigos e eu, levando bebida e petiscos. E no momento em que o barco se distanciou da margem verifiquei que luzes de várias cores enfeitavam toda a borda do lago, e a lua, ah, a lua... lá estava ela, totalmente empanada. Aquilo me faz perceber que, nos últimos tempos, a luz elétrica anestesiou-nos, deixou-nos insensíveis aos inconvenientes gerados por seu uso excessivo. Um Festival da Lua ofuscado não representa grande inconveniente, mas de um modo geral casas de chá, restaurantes, estalagens e hotéis usam luz elétrica de maneira exagerada. Esses estabelecimentos talvez precisem chamar a atenção da clientela, mas acender as luzes antes de escurecer em pleno verão significa, mais que desperdício, muito calor. Aonde quer que eu vá no verão, sofro com isso. A quentura no interior dos aposentos em contraste com o frescor externo deve-se, quase sempre, ao excesso de potência ou de quantidade de lâmpadas, fato que comprovo facilmente pelo imediato arrefecimento do ar quando apago parte das luzes. Curioso porém é que hóspedes e proprietários não consigam perceber essa verdade simples. De um modo geral, a iluminação interna deveria ser clara no inverno e mais escura no verão. Dessa maneira, reforçaria o frescor do ambiente e, melhor ainda, deixaria de atrair insetos voadores. Acender luzes em demasia e depois ligar o ventilador para refrescar é realmente um contrassenso que me irrita. Num *zashiki* suporta-se melhor o calor porque ele se dissipa ao redor da casa, mas num quarto de hotel de estilo ocidental a ventilação é deficiente e, além disso, piso, paredes e teto absorvem e refletem o calor das lâmpadas e tornam o ambiente insuportável. Embora não me agrade nomeá-lo, não há melhor exemplo disso que o hotel Miyako, de Kyoto. Quem alguma vez esteve no saguão desse estabelecimento numa noite de verão na certa concordará comigo. A construção ergue-se numa elevação voltada para o norte, e de lá se abrange num único golpe de vista o monte Hiei, o pico Nyoi-ga-take, o pagode de Kurotani, a floresta e toda a área do monte Higashiyama, cenário que proporcionava sensação realmente refrescante e que por isso mesmo lastimei ter perdido. Mas, como eu ia dizendo, certa tarde de verão fui para lá ansioso pela brisa fresca que perpassa o alto da torre e disposto a apreciar a maravilhosa visão panorâmica das montanhas azuladas e das águas cristalinas. Todavia, no momento em que lá cheguei, encontrei aqui e ali grandes tampos de vidro leitoso no teto branco e, embutidas debaixo deles, lâmpadas poderosas de brilho quase cegante a arder. Como ultimamente as construções ocidentais têm pé-direito baixo, o calor ambiente era tão intenso que bolas de fogo pareciam girar sobre minha cabeça, e a quentura que delas provinha queimava a partir do topo do crânio — a área mais próxima ao teto —, passava pelo pescoço e descia espinha abaixo. Embora uma única dessas bolas fosse suficiente para iluminar toda a área, havia três ou quatro brilhando no forro, e além delas diversas outras, menores, em paredes e pilares, com a única função de espantar todo e qualquer resquício de penumbra que porventura se formasse pelos cantos. No interior do aposento e até onde a vista alcançava não havia uma única sombra. Só o que se via eram paredes brancas, grossos pilares vermelhos e, no piso, um mosaico de cores espalhafatosas semelhante a litografia recém-impressa e que contribuía bastante para aumentar a sensação de calor. Aqueles que vêm do corredor e ali entram, sentem uma diferença gritante na temperatura. Toda corrente noturna fresca que porventura ali se infiltre será instantaneamente transformada em ar quente e anulada. Guardo boas recordações de diversas vezes que lá me hospedei no passado. E se hoje escrevo estas linhas, faço-o com o intuito de aconselhar a administração do hotel de maneira desinteressada: realmente, é um desperdício estragar com luzes elétricas a vista maravilhosa e o ponto ideal para nos refrescarmos no verão. A quentura do local é horrível e deve deixar boquiabertos os próprios ocidentais, que tanto amam a claridade. Mais importante, porém, é que tudo o que eu disse tornar-se-ia imediatamente compreensível no momento em que algumas daquelas luzes fossem apagadas. O hotel Miyako é apenas um exemplo, muitos outros existem. Livre desse inconveniente parece estar o hotel Teikoku, com sua iluminação indireta, a qual, não obstante, poderia ser um tanto reduzida no verão. Seja como for, a iluminação interna hoje em dia deixou de ter por objetivo facilitar a leitura, a escrita ou a costura e se transformou em recurso para espantar as sombras de todos os cantos, o que não se coaduna com a noção de beleza dos lares japoneses. A maioria das pessoas tende a poupar energia elétrica em suas casas por razões financeiras, o que afinal é positivo, mas em estabelecimentos comerciais, corredores, escadas, vestíbulos, jardins e entradas acabam exageradamente iluminados, tirando a profundidade tanto dos aposentos como das pedras e das fontes dos jardins. No inverno, a medida por vezes trará certo aconchego e conforto, mas no verão é quase certo que resultará em tragédia semelhante à do hotel Miyako, não importam a elegância e a tranquilidade do balneário que você escolheu para fugir do calor. Eis por que eu mesmo fico em casa, escancaro todas as portas corrediças, armo uma tela contra mosquitos no quarto e dentro dela me deito com as luzes apagadas no verão: esse é o melhor meio de convidar a fresca aragem a entrar.

Recentemente, li um artigo em revista ou jornal em que algumas senhoras inglesas queixavam-se da vida. Na juventude, diziam, haviam respeitado os mais velhos e zelado por eles, mas diferentemente delas suas próprias filhas consideravam o idoso sinônimo de sujeira, cuja proximidade devia ser evitada. A juventude de hoje difere muito da antiga, lamentavam as referidas senhoras, e isso muito me divertiu, pois descobri que os idosos dizem as mesmas coisas, sejam eles de onde forem. Conforme envelhecem, as pessoas se convencem de que os tempos idos eram bem melhores que os atuais. No século passado, velhos deviam referir-se em termos saudosos aos costumes de dois séculos antes, e dois séculos antes, aos costumes do século anterior. É difícil encontrar alguém satisfeito com seu próprio tempo, mormente nos dias de hoje, em que circunstâncias especiais — só a reforma Meiji trouxe mudanças equivalentes às dos últimos trezentos ou quinhentos anos — levam nosso país a progredir com estonteante rapidez.

Não deixa de ser cômico que o próprio autor destas linhas esteja também na idade das lamúrias, mas acredito que não estou simplesmente me queixando quando digo que a maioria dos equipamentos modernos tende a favorecer os jovens e a produzir gradativamente uma era desumana para os idosos. Vejam os leitores os semáforos, por exemplo: a partir do momento que tiverem de depender deles para atravessar cruzamentos, os idosos não poderão mais andar com confiança pelas ruas das cidades. Salvam-se apenas os velhos ricos que podem ser conduzidos de carro, mas eu mesmo fico com os nervos à flor da pele nas ocasiões em que tenho de ir a Osaka e, lá chegando, preciso atravessar uma rua. Para começar, o sinaleiro do tipo "Pare-Siga" é um foco de problemas: os instalados no meio da calçada são relativamente fáceis de ser visualizados, mas existem outros especialmente difíceis de ser detectados que ficam pisca-piscando luzes verdes e vermelhas em cantos inesperados, sem mencionar o perigo de confundi-los com os sinaleiros centrais em cruzamentos especialmente largos. E quando vi guardas ordenando o tráfego nas ruas de Kyoto, imaginei: este é o fim das cidades japonesas. Atualmente, se você quiser apreciar um ambiente urbano genuinamente japonês, terá de ir a Nishi-no-miya, Sakai, Wakayama ou Fukuyama. Numa cidade grande tornou-se difícil até mesmo encontrar pratos que agradem ao paladar do idoso. Dias atrás, o jornalista que me entrevistou pediu-me que comentasse a respeito de pratos diferentes e saborosos. Eu então lhe falei do sushi feito de folhas de caqui — especialidade dos habitantes das remotas regiões montanhosas de Yoshino — e também da maneira de prepará-lo. Aproveito a oportunidade para revelar a receita aos meus leitores: para cada dez medidas de arroz, uma de saquê deve ser acrescida no momento em que o arroz entrar em ebulição. Depois de pronto, deixe o arroz esfriar completamente e, em seguida, espalhe sal na palma das duas mãos, aperte o arroz entre elas e forme bolinhos compactos. Nesse momento, é imprescindível que a mão esteja totalmente seca. O segredo é fazer os bolinhos só com a ajuda do sal, sem molhar as mãos. Depois, estenda sobre os bolinhos fatias finas de salmão levemente salgadas, envolva cada conjunto com uma folha de caqui com a face superior em contato com o sushi. Na medida do possível, é preciso retirar a umidade tanto da folha do caqui como das fatias do salmão com um pano seco. Em seguida, os bolinhos deverão ser acondicionados numa tina rasa de madeira — do tipo usado no preparo do sushi — ou numa vasilha de arroz, apertados uns contra os outros de maneira a não deixar espaço entre eles, e sobre o conjunto deverá ser posta uma tampa de madeira. Uma pedra de bom peso, do tipo usado para fazer picles, deverá ser assentada sobre a tampa para pressionar o sushi. Preparado à noite, estará pronto para ser degustado na manhã seguinte. No decorrer do dia, o sabor se manterá ideal mas continuará comível durante mais dois ou três dias. Molhe folhas de pimenta-d'água em vinagre e borrife sobre o sushi no momento de servi-lo. A receita me foi passada por um amigo que esteve em Yoshino, mas pode ser preparada em qualquer lugar: basta apenas ter à mão folhas de caqui e salmão levemente salgado. Lembre-se sempre de eliminar qualquer traço de umidade e de esperar o arroz esfriar por completo. Experimentei fazê-lo em casa e concordei com meu amigo: esse sushi é excepcionalmente saboroso. O sal e a gordura do salmão impregnam-se de maneira ideal no arroz e o peixe fica irresistivelmente macio e fresco. Achei esse sushi muito diferente dos de salmão que costumo comer em Tóquio, e tão mais gostoso que vivi dele o verão inteiro. Admirei o jeito diferente de consumir o salmão e a criatividade dos habitantes das regiões remotas e montanhosas, carentes de tudo. E ao pesquisar sobre especialidades típicas de diversas regiões interioranas, descobri que seus habitantes têm paladar muito mais apurado que os moradores dos grandes centros urbanos. Num certo sentido, isso significa que eles vêm se banqueteando com iguarias cujo sabor não conseguimos sequer imaginar.

E assim, muitos são os que abrem mão das comodidades da vida urbana e procuram a calma do interior na velhice, mas nem esse consolo teremos por muito tempo porque, à semelhança de Kyoto, até nas pequenas cidades a luz elétrica começa a brilhar feérica em postes e ruas. Há quem preveja que, com o progresso da civilização, o sistema viário será transferido para o céu ou para baixo da terra, e que então as ruas voltarão a ser tranquilas como no passado. Mas é óbvio que se isso um dia acontecer, outros diabólicos inventos de tortura para idosos terão sido inventados. No final das contas, todos querem que idosos permaneçam quietos em seus lugares, e só nos resta ficar em casa ouvindo rádio, bebericando saquê e beliscando petiscos que nós mesmos preparamos.

Mas se pensam que reclamar é especialidade de gente velha, estão enganados: recentemente, o autor da coluna *Tensei jingo* [A voz do povo é a voz de Deus], do jornal *Asahi*, ridicularizou a iniciativa impensada de alguns funcionários municipais, que desmataram parte de uma floresta e aplainaram um morro para possibilitar a passagem de uma rodovia pelo parque de Mino. Percebi então que mais gente pensava como eu e animei-me um pouco. Eliminar até a sombra das árvores é, no mínimo, cruel. Nesse passo, todas as localidades famosas de Nara ou dos subúrbios de Kyoto e Osaka acabarão desmatadas para facilitar o acesso das massas. Mas essa também é uma das muitas queixas insensatas típicas dos velhos, já que tenho plena consciência dos benefícios da modernidade. O Japão já segue a mesma rota de desenvolvimento percorrida pela civilização ocidental, e cabe a nós, idosos, pormo-nos de lado para permitir o avanço decisivo do nosso país. E enquanto essa for a cor de nossa pele, temos para sempre de nos resignar com desvantagens que só a nós coube. Escrevo porém estas coisas por ter a impressão de que em algum lugar, quem sabe no campo da literatura ou das artes, resta-nos um caminho capaz de invalidar as já referidas desvantagens. Eu mesmo quero chamar de volta, pelo menos ao campo literário, esse mundo de sombras que estamos prestes a perder. No santuário da Literatura, eu projetaria um beiral amplo, pintaria as paredes de cores sombrias, enfurnaria nas trevas tudo que se destacasse em demasia e eliminaria enfeites desnecessários. Não é preciso uma rua inteira de casas semelhantes, mas que mal faria se existisse ao menos uma construção com essas características? E agora vamos apagar as luzes elétricas para ver como fica.

Nota da tradutora

Traduzir uma obra do escritor Junichiro Tanizaki é sempre um desafio, e no ensaio *Em louvor da sombra* [*In'ei raisan*], em que o autor mergulha no âmago da cultura japonesa com seu modo puramente nipônico de escrever, algumas dificuldades parecem intransponíveis.

O leitor interessado em comparar as diversas versões desta obra publicadas até hoje estranhará na certa a diferença existente entre elas. Essa particularidade não indica que os tradutores não entenderam o texto. Ao contrário, revela a dificuldade da língua japonesa quando transformada em objeto de tradução, tanto pela peculiaridade de sua gramática como pela abrangência de sentido de seus vocábulos.

Neste ensaio, por exemplo, deparei diversas vezes com a palavra "furyu", cuja acepção mais comum, segundo dicionários bilíngues, é "elegância", "bom gosto", "requinte", ou ainda, "elegante", "fino", "requintado". Tanizaki tem certa predileção por esse termo e já o empregou em diversas outras obras nesse sentido estrito. Aqui, porém, notei que ele a usa também na segunda acepção, isto é, para significar "poético" e "estético". E no trecho em que o autor discorre sobre latrinas, "furyu" subentende "furyu inji", expressão que o *Dicionário da língua japonesa* define como diversões requintadas, apreciação da natureza e sensação de prazer advinda da composição de versos e poemas. No referido trecho, traduzi portanto a frase do escritor Ryoku Saito citada por Tanizaki, "furyu wa samuki mononari" ("a elegância é fria", em tradução ao pé da letra, no meu entender inadequada em português), como "o frio estimula a estesia", pois julgo que nesse contexto o termo "furyu" pode ser sintetizado como "estesia", no sentido de *capacidade de perceber o sentimento da beleza*, conforme o *Houaiss*.

Esclareço também que os termos japoneses "wan" e "furo" designam corretamente a tigela de sopa japonesa e a banheira, e assim estão dicionarizados. Em palavras como "osushi", "ohashi", "owan" ou "ofuro" — esta, largamente difundida entre nós nos últimos tempos —, "o" é apenas um prefixo de polidez.

Por último, chamo a atenção dos leitores para a data de publicação deste ensaio, originalmente escrito em dois segmentos: dezembro de 1933 e janeiro de 1934. Desde então, o mundo vem progredindo em ritmo frenético e algumas situações do cotidiano descritas no ensaio há muito deixaram de existir. Em contrapartida, algumas conveniências realizaram-se exatamente como sonhou Tanizaki, como por exemplo a caneta-pincel, que hoje existe na forma de tubo plástico semelhante a uma caneta esferográfica e que contém tinta preta derivada da *sumi*, a qual escorre e umedece o tufo de pelos adaptado à ponta.

Leiko Gotoda

LEIA MAIS PENGUIN-COMPANHIA
CLÁSSICOS

Montaigne

Os ensaios

Tradução de
ROSA FREIRE D'AGUIAR
Introdução de
ERICH AUERBACH

Personagem de vida curiosa, Michel Eyquem, Seigneur de Montaigne (1533-92), é considerado o inventor do gênero ensaio. Esta edição oferece ao leitor brasileiro a possibilidade de ter uma visão abrangente do pensamento de Montaigne, sem que precise recorrer aos três volumes de suas obras completas. Selecionados para a edição internacional da Penguin por M. A. Screech, especialista no Renascimento, os ensaios passam por temas como o medo, a covardia, a preparação para a morte, a educação dos filhos, a embriaguez, a ociosidade.

De particular interesse é o ensaio "Sobre os canibais", que foi inspirado no encontro que Montaigne teve, em Ruão, em 1562, com os índios da tribo Tupinambá, levados para serem exibidos na corte francesa. Além disso, trata-se da primeira edição brasileira que utiliza a monumental reedição dos ensaios lançada pela Bibliothèque de la Pléiade, que, por sua vez, se valeu da edição póstuma dos ensaios de 1595.

LEIA MAIS PENGUIN-COMPANHIA
CLÁSSICOS

Jean-Jacques Rousseau

Do contrato social

Tradução de
EDUARDO BRANDÃO
Organização e introdução de
MAURICE CRANSTON

Publicado pela primeira vez em 1762, o polêmico e controverso tratado político suscitou um debate que dura até os dias de hoje e que atravessa muitos campos do conhecimento humano.

Rejeitando a ideia de que qualquer um tem o direito natural de exercer autoridade sobre o outro, Rousseau defende um pacto, o "contrato social", que deveria vigorar entre todos os cidadãos de um Estado e que serviria de fonte para o poder soberano. Aos olhos dele, é a sociedade que degenera o homem, um animal com pendor para o bem.

Extraído de uma obra maior, *Do contrato social* é um livro que trata de questões ligadas à política e à lei, à liberdade e à justiça. A sociedade imaginada por Rousseau foi considerada por muitos um modelo de totalitarismo, enquanto para outros foi uma poderosa declaração de princípios democráticos.

Esta edição inclui prefácio do cientista político Maurice Cranston, que examina as ideias políticas e históricas que influenciaram Rousseau, além de inserir *Do contrato social* no contexto de sua vida e personalidade extraordinárias.

WWW.PENGUINCOMPANHIA.COM.BR

LEIA MAIS PENGUIN-COMPANHIA
CLÁSSICOS

Honoré de Balzac

Tratado da vida elegante
Ensaios sobre a moda e a mesa

Organização, apresentação, tradução e notas de
ROSA FREIRE D'AGUIAR

Além de "A comédia humana", monumento literário de noventa títulos e quase 2500 personagens produzidos em pouco mais de vinte anos, Honoré de Balzac escreveu um sem-número de artigos em jornais e revistas, sobre política, filosofia, livros — e também boas maneiras, moda e culinária.

Esta seleção de textos sobre a chamada "vida elegante", que Balzac escreveu antes de se dedicar ao seu projeto titânico, traz o olhar do escritor francês sobre temas como moda, cozinha, uso de luvas e gravatas, além de observações sobre charutos e bebidas alcoólicas, abrindo uma janela para um tempo em que a etiqueta constava no receituário de homens e mulheres.

Observações e prescrições — deliciosamente antiquadas e reveladoras da vida europeia do século XIX — a cargo de um dos maiores escritores de todos os tempos.

WWW.PENGUINCOMPANHIA.COM.BR

LEIA MAIS PENGUIN-COMPANHIA
CLÁSSICOS

Santo Agostinho

Confissões

Tradução do latim e prefácio de
LORENZO MAMMÌ

Pela densidade poética e pela originalidade da escrita, e por inaugurar o gênero da autobiografia como história da formação de uma personalidade, as *Confissões* de Agostinho de Hipona são ainda hoje um livro surpreendente.

Redigidas no século IV, elas representam um marco único na história da literatura ocidental. Agostinho elabora nelas uma nova maneira de fazer filosofia, estranha à tradição antiga, por ser baseada não apenas em conceitos abstratos e deduções, mas sobretudo na observação fina dos movimentos psicológicos, das motivações interiores e do significado de pequenos fatos e gestos cotidianos.

Leitura incontornável para todos os que se interessam por filosofia, história ou religião, o livro ganha nova tradução do latim por Lorenzo Mammì.

WWW.PENGUINCOMPANHIA.COM.BR

LEIA MAIS PENGUIN-COMPANHIA
CLÁSSICOS

John Stuart Mill

Do contrato social

Tradução de
PAULO GEIGER
Introdução de
ALAN RYAN
Posfácio de
JOEL PINHEIRO DA FONSECA

Para John Stuart Mill, o indivíduo deve ser livre para direcionar sua vida como preferir em tudo aquilo que não cause dano a terceiros, e homens e mulheres devem viver em igualdade. Essas proposições estão no cerne de *Sobre a liberdade* e *Sobre a sujeição das mulheres*.

O filósofo enxergava três fontes de despotismo à sua volta: o Estado, o costume e a opinião pública. Graças a elas, os indivíduos passavam a vida numa existência atrofiada, sem experimentar seu verdadeiro potencial. Foi contra essa diluição dos indivíduos que Mill elaborou sua defesa da liberdade. E numa época em que as mulheres nem sequer podiam votar, exigia a plena igualdade legal e defendia que os homens se desvencilhassem de antigos preconceitos.

Esses ensaios poderosos convidam ao exercício de uma ética da liberdade e buscam a compreensão de hábitos e opiniões diferentes dos nossos, constituindo um pilar fundamental em tempos de intolerância e fanatismo como os de hoje.

WWW.PENGUINCOMPANHIA.COM.BR

1ª EDIÇÃO [2017] 6 reimpressões

Esta obra foi composta em Sabon por Raul Loureiro e impressa em ofsete pela Lis Gráfica sobre papel Pólen da Suzano S.A. para a Editora Schwarcz em julho de 2024

A marca FSC® é a garantia de que a madeira utilizada na fabricação do papel deste livro provém de florestas que foram gerenciadas de maneira ambientalmente correta, socialmente justa e economicamente viável, além de outras fontes de origem controlada.